Scientific
Advertising

科学的广告

• [美] 克劳德 · 霍普金斯　著
• 邱凯生　译

企业管理出版社
ENTERPRISE MANAGEMENT PUBLISHING HOUSE

克劳德·霍普金斯的书总是一再被重印。

1923 年，他写了一本薄薄的小册子，由洛德暨托马斯广告公司（即现在的博达大桥广告公司[①]）出版。这本书名为《科学的广告》，大约 30 年后，阿尔弗雷德·普利策将这本书重新出版。普利策是专门研究科学营销学和广告学的著名学者，他再版此书的理由是“霍普金斯提供了（有关广告的）各种有益发现中最为精华的那部分”，而且“当代的广告研究要想在广告的功效方面达到霍普金斯的贡献水平，还有很长的一段路要走”。

1927 年，霍普金斯撰写了自传《我的广告生涯》。这本书首先在《广告与销售》杂志上连载，随后由哈珀柯林斯出版社编辑成书出版。在 1933 年，你只要花 10 美分就

① 博达大桥广告公司，即 FCB 广告公司（Foote Cone & Belding）。其前身是 Lord & Thomas，成立于 1873 年，霍普金斯 1909 年加盟。——译者注（本书注释，如无特别说明，均为译者注）

可以在任何一家二手书店买到这本书，上面甚至还有其遗孀的亲笔签名——霍普金斯本人在此前一年去世。

1946 年,《广告与销售》杂志再版了这套书。沃尔特 · 韦尔写了导读性质的前言，他说：

《我的广告生涯》中鲜有草率拟就的内容，值得反复阅读。呈现在你面前的这部自传，见证了一位卓越广告人的成功生涯，并历数了达成成功的种种因素。所有想表达的内容正是来自原有的经验，蕴含了丰富的生活气息。这不是一本书，而是一种体验——体验是最好的老师。

所以，我们又重新出版了霍普金斯的著作。这个版本同时收录了他的《科学的广告》和《我的广告生涯》，希望能够给后来者以启迪。与霍普金斯那代广告人相比，我们算得上是徒子徒孙辈的人了。

霍普金斯绝对属于过去，但令人惊奇的是他毫不过时。他是那个时代杰出的文案和策略大师。他写了很多广告，年收入超过 10 万美元，这个数目对那时的美国财政部来说都是一大笔钱。他在一个科学尚未普及的时代大谈用科学的方法来做广告，虽然所谈及的大部分内容与现在的成熟理念相比显得有些落后——事实也确实如此，他的一些看法在今时今日已不再适用，或被证明是谬误，但不管怎样，霍普金斯所创立的如此重要、如此经典的指导原则，是不可能被人遗忘的。

在阅读本书的过程中，读者很可能会时而因为观点与其相悖而强烈反对他的看法，时而又因完全赞同他的论断而拍案叫绝。读者会对霍普金斯自大和傲慢的性格不满，却又会被他的故事打动，会对他简洁明了、一针见血的叙述方式有深刻的印象。下面这段文字摘自他的自传，就是很好的例子：

我确信我打动不了那些阔佬，因为我不了解他们。我从来不曾尝试向他们推销产品。我想如果我为劳斯莱斯轿车、蒂芙尼首饰、斯坦威钢琴做广告宣传，那我肯定会失败。我不了解有钱人的想法，但我非常了解普通老百姓。我喜欢和打工仔说话，研究那些经济条件不太好的家庭主妇，还能赢得贫苦孩子的信任，了解他们的梦想。如果让我推销他们想要的东西，那我一定可以拨动他们的心弦。我写的广告语用词浅显易懂，句子也很简短。学者们可以讥讽我的风格，阔佬们可以嘲笑我在广告中强调的卖点，但是成千上万住在陋室里的普通人会阅读它，购买它介绍的产品。他们会觉得写广告的人了解他们，而他们占了我们产品顾客总数的 95%。

克劳德·霍普金斯是广告界的开路前锋。他开创了一片天地，却自认为是个谨慎持重的人，严格按“既定的原则和原理”做广告。这也是为什么他的书一再被重印，而无论是新手还是专家，都认为他的话令人深受鼓舞，让人受益匪浅，值得一再回味。

伯恩斯

广告出版公司总裁

我并不想把这本书写成个人历史，而是希望它能对广告业有所裨益。在内容的选择上，我尽量避免谈论琐碎的小事，而把笔墨集中在更有启发意义的事情上。书中的所有内容，都旨在为后来者提供有益的意见和建议，以使他们不至于像我过去那样总是在暗夜中摸索。

有一天晚上，在洛杉矶，我把我的故事讲给本·汉普顿听，他是一位作家、出版人兼广告人。他听了好几个小时，一直都没有打断我，因为他觉得我的经历对于初入行的广告人来说非常有价值。后来，他一个劲儿地劝我，直到我同意把这些经历写下来并公之于众。

他的意见是对的。任何将终生奉献给某项事业，并由此比别人博学多才的人，都应该为后来者留下可资借鉴的东西。凡是深思熟虑得来的东西都应该记录下来，每位开拓先锋都应留下些东西为后来者指示方向，这就是我写这本书的初心。

当这部自传要在杂志上进行系列连载

时，很多人来信向我抗议，其中就有我曾任职过的大公司的主管们。因为他们担心我会居功自傲，从而伤害某些人的自尊心。为了避免这种担心，我重写了某些章节，以消除他们可能的担心。

其实，我唯一可以自矜的是，我比这一行里的任何人都更加努力。我在广告圈的潮起潮落中激荡多年，自然要比那些没有这么多机会的人更有经验。现在，我希望这些经历能尽可能地帮助别人，使他们不必重复同样的艰辛沉浮。我之所以写下这些经历，只为一个目的，那就是让大家能从我已经到达的高度开始攀登。这样做，除了心头的满足感外，我别无他求。当年在我刚起步时，如果能有人像我现在这样，写下他过去的经历，那我会对他非常感激。要是当时有这样的帮助，再加上我自己的努力，那我今天的成就说不定能比这一行里的任何一个人都高。我希望我能活着看到别人也做到这一点。

克劳德·霍普金斯

目录

科学的广告

科学的广告

克劳德·霍普金斯

广告法则是怎么建立起来的

经过很多人的努力，广告终于成了一门科学。它以固定的准则为基础，而且整个创作过程已经能达到相当精确的程度。至于广告的效果，我们也进行了仔细分析研究，尤其是对其内在逻辑，我们已经彻底理解。广告创作的正确方法和步骤已经被论证和明确，并得以确立为准则，我们知道哪些准则是最有效的，并据此行事。

广告，在以往带有赌博色彩，而现在基于专业准则的指导，已经成为最安全的生意之一。与拥有同样发展可能性的其他行业相比，广告所涉及的风险要小得多。

因此，本书不会着眼于各种各样的理论学说，而是主要介绍经过验证的准则和事实。这本书是写给广告专业学生的教科书，也是写给广告人的从业指南。书中的所有陈述都是经过仔细评估的，提及的内容仅限于已经确立的基本准则。如果其中涉及不确定的问题，那我们会指出来并仔细地说明。

广告业能有今天的地位，得益于多方面的原因。长期以来，很多全国性的广告都由广告代理公司这样的大型机构操刀。其中有些广告代理公司组织过上百次的广告活动，测试并比较了成千上万的策划方案和创意，还观察和记录了这些广告的效果，吸取了其中所有的经验和教训。

这类广告公司会聘用一些高级人才，只有有能力、有经验的人才能达到策划全国性广告的要求。通过合作、相互学习以及从每项新业务中学习新生事物，他们中的一些人逐渐成长为广告大师。

员工总是在流动，但他们都在公司留下了自己的经验和想法。这些都成了公司的资源和财富，成了后来者的指南。经过几十年的发展，这些公司逐渐成为储存广告经验、经过验证的广告准则和广告方法的宝库。

大型的广告代理公司还和工商业界每个领域的专业人士建立了密切的关系。他们的客户通常是各个行业的佼佼者，所以他们可以见证各种方法和策略的效果。他们由此也成了与营销有关的各种信息的资源库，他们丰富的经验几乎可以解答所有经营中发生的营销问题。

在这些因素的长期作用下，广告和营销成了一门精确的科学。**每种营销方式都有路径可循，精准的知识经验也为广告人指明了通向目标的最短、最安全、最经济的路径。**

我们学习这些准则，并通过反复测试来验证它们。这种学习和验证是通过创作广告、跟踪广告效果达成的，尤其是发放优惠券。我们比较各种方式，进行或正向或逆向的评估，并记录下每种方式对应的效果。如果有一种方式不受其他变量影响，且始终能取得最好的效果，那么这种方法就成了一条固定的准则。

对邮购广告收益的跟踪能够精确到每一分钱，每份反馈和每一元销售额的成本，都可以精确到极致。

把一个广告和另一个广告作比较，把一种方法和另一种方法作比较，把广告的标题、背景、字号、卖点和图片都一一作比较。对某些邮购广告来说，减少哪怕百分之一的成本都意味着一大笔资金。所以邮购广告不允许进行盲目猜测，你必须知道什么是最好的广告方式。因此，邮购广告率先为我们确立了很多基本准则。

对那些无法计算直接收益的广告，我们会在不同城市进行比较。各种广告方法的效果也可以用这种方式进行比较，用销售成本来衡量。

但是，最常用的方法是使用优惠券，凭借优惠券可以领取一件试用品、一本册子、一袋免费赠品或其他能让消费者做出直接反馈的物品。这样，我们就可以追踪到每个广告能引发多大规模的消费行为。

但这些数据还不是最终的，一条广告带来的诸多反馈可能是无用的，而另一条广告带来的反馈却是有价值的。所以我们最后的结论总是基于每个顾客的获客成本或每一元销售额对应的成本来考虑的。

我们将会在“试点推广”部分对优惠券方案的策划做更深入的探讨，在这里只是先解释一下我们是怎么用发放优惠券的方法来发现这些广告准则的。

大型广告代理公司会对上百个不同产品线使用优惠券的反馈情况进行观察和记录，有时仅针对某个单一产品线，就要观察和记录上千个不同广告的反馈。我们就是这样测试所有与广告相关的要素的。通过对大量反馈情况的跟踪，我们几乎可以回答一切相关的问题。

我们用这种方式得到的结论只能应用到特定的产品线。尽管如此，这些结论也为类似产品的广告提供了基本的准则。

另外的一些结论则可以应用到所有的产品线，它们因此成了普遍适用的广告基本准则。明智的广告人永远不会偏离这些不可动摇的准则。

我们将在这本书里分析这些基本准则，描述这些已经确立的技法。和所有其他艺术、科学等行业一样，广告行业也需要技法，而且和所有领域一样，掌握这些技法是必备的条件。

广告业过去存在的一个主要问题，就是缺乏基本准则，每个从业者都按自己的知识和经验自行其是。过去所有的知识积累，这个行业所取得的进步，对他们来说都是一本未打开的书。这就像一个人想制造现代化的汽车，却不首先弄清楚前人获得过什么成果，这和哥伦布出航寻找未知的大陆是一样的性质。

人们时常被一些飘忽不定的念头或偏好引导，导致他们很少能到达自己的目的地。即使他们真能到达，那也是偶然的，并且还会经历一个漫长曲折的过程。

较早投身于商海的人们在广告这片海域各自摸索，没有航海图指引方向，没有灯塔指示港口，也没有浮标标出礁石。各种障碍都没有记录，所以有无数的冒险家在同一块礁石或同一片浅滩上遭遇挫折。

那时的广告犹如一场赌博，是用最鲁莽的方式进行的投机。每个人对正确路径的猜测，基本上都无章可循，更没办法知道哪种猜测更准确。那时也没有安全领航员，因为很少有人在同一条航道上航行过两次。

后来，这种情况得到了改善。现在仅有的不确定因素都与人和产品有关，而不是广告方式方面的问题。人们的习性、偏好很难被衡量，我们并不知道哪种商品将会受欢迎，但我们知道如何以最有效的方式销售它。我们总是可以明确地知道怎样用最有效的方法推销商品。

广告营销仍有可能失败，不过失败并不意味着灾难。即使发生这种事情，损失也不会太大，而且导致损失的因素往往与广告无关。

在这种新形势下，广告业蓬勃发展起来。从广告业务量、广告口碑和消费者的接受程度来看，广告业都有了长足的发展。广告业的风险得到了消解，广告的效果得到了巨大提升，其原因就在于曾经如同赌博一样有风险的广告业已经变成了一门科学，成了一项相当稳健的生意。

所有人都应该认识到这一点。诡辩、抽象理论或者虚无缥缈的玄学在广告业没有立足之地，盲人骑瞎马的做法更是荒谬。在广告这个充满无限可能的领域里，这么做只会让人惋惜。除非能得到像牛顿第一定律那样不可动摇的法则作为指引，否则成功会很偶然，而大规模的成功则几乎不可能。

所以这本书的主要目标是确立那些准则，并告诉读者如何自己去证明它们。在此之后，读者就可以举一反三。不同的广告活动所面对的情况是完全不同的，所以做广告，个性化是必要的，模仿会受人指责。但作为一本广告教科书，本书只涉及广告的基础内容，那些决定广告个性化、独创性的变量因素，就不一一展开讨论了。

我们希望通过增进对广告业的理解来推进广告业的发展。我们希望把广告业放在商业的领域来考虑，使它成为一个风险最小的、最具确定性的、可以带来巨大回报的行业。

成千上万个引人注目的成功案例显示了广告业的巨大发展机会，而且这些成功的多样性也表明了广告业不可限量的前景。可是成千上万个需要这些方法的人，还是把成功看作某种偶然的幸运，哪怕他们需要这些方法才会获得成功。

时代在变化，希望这本书能在广告方面给大家一些启迪。

广告的目的是实现销售

一个人要想准确地了解广告，或是学习它最基础的知识，必须从正确的概念开始。广告是一种营销，它的准则就是营销的准则。在这两个领域里，导致成功或失败的原因都差不多，所以每个广告问题也应该按推销员的标准来解答。

让我们再强调一下：**广告的唯一目的是实现销售，广告是否盈利，取决于它引起的实际销量。**

做广告不是为了广告本身的效果，不是为了让广告人出名，更不是为了帮助其他推销员。

把广告本身当作一个推销员，让它通过销量证明自己，把广告与其他推销员作比较，统计广告的成本和收益。优秀的推销员不用的借口，广告也不要用。这样，你的广告就不会有太大的问题。

二者的区别只是程度上的差异。广告是能让销量倍增的营销手段，面向的是成千上万的人，而推销员一次只面对一个顾客。当然，广告的成本也相应地增加了很多倍。一条普通广告每个词的成本有时达到了 10 美元，所以每条广告都应该成为“超级推销员”。

一个推销员的失误并不会带来太大的损失，而一条广告的失误造成的损失可能是上千倍的。因此，广告要更小心、更精确。

一个平庸的推销员只会影响你一小部分的生意，但平庸的广告会影响你的全部生意。

很多人认为广告就是文案写作，实际上文字水平对广告的重要性与口才对营销技巧的重要性差不多。

广告人必须简短、清楚、有说服力地表达自己的观点，就像一个推销员必须做的一样。过于精美的文案并没有明显优势，就像独特的文风并不一定更吸引人，因为它分散了读者对主题的关注，暴露了销售的目的。所有精心策划的推销企图，如果暴露无遗，反而会让消费者产生相应的抵触情绪。

无论是人员推销还是广告推销，在这方面都遵循一样的道理。花言巧语者很少能成为真正优秀的推销员，他们让消费者害怕自己会失去主见，让消费者怀疑他们推销的产品本身的优势。

成功的推销员几乎都不是出众的演说家，他们并没有什么口才。他们只是些朴实、诚恳的人，了解自己的顾客和产品。文案撰写也是如此。

广告业中最能干的那批人很多原先都是老练的推销员。据我们所知，最优秀的那些广告人，原来都是挨门挨户推销的小商贩。他们可能都不知道什么叫语法，什么叫修辞，但他们知道怎么说才能让别人相信。

要回答广告方面的诸多问题，一个最简单、最恰当的方法是问问自己："这样做有助于推销员卖出产品吗？如果我面对一个顾客，这样做有助于我卖出产品吗？"

诚实地回答这些问题可以避免很多广告失误。但如果一个人只想炫耀一番，或只想自我陶醉，那他就很少能触动消费者的心弦，并让他们掏出钱购买产品。

有的人主张使用广告语，有的人喜欢聪明的点子。你会把这些方法用在向顾客推销产品中吗？你觉得这些会影响顾客的选择吗？如果你的回答是否定的，那就不要在广告推销中采用这些方法。

有人会说："要简短，人们会读广告，但不会读太久。"你会这样告诉一个推销员吗？如果有一个潜在顾客站在他面前，你敢肯定他用几个字就能说服这个潜在顾客吗？所以这种对篇幅的限制简直不可理喻。

广告也是如此。只有对我们的内容感兴趣的人才会成为我们的读者。没有人会为了娱乐看广告，不管广告的篇幅是长还是短。**我们要把每一个读者都当作站在自己面前想要得到相关信息的潜在顾客，然后给他们提供足够的信息，让他们行动起来。**

有些人提倡用大号字和大标题，可他们自己却不欣赏那些大嗓门儿的推销员。人们习惯了阅读 8 磅的字，我们的杂志和报纸就是用这种字号印刷的。用更大号的字就像毫无必要地用很大的声音交谈一样，并不会获得有价值的关注。这也许并不讨厌，但毫无用处，而且很浪费。它会使做广告的成本成倍地增加，而且对很多人来说，这样做看上去太招摇了。

还有些人喜欢寻求一些不同寻常的东西，他们希望广告从风格到图片都与众不同。你会这样要求一个推销员吗？那些举止和穿着都很平常的人不是更能给人留下好印象吗？

有的人坚持广告必须制作精良。其实在某种程度上讲，可以这样做，但这并不重要。有些制作不太精良的广告，就像不修边幅的人一样，最终也能成为出色的“推销员”。其实，无论是过分修饰的人还是制作过分精良的广告，都不好。

很多事情都是如此。评估广告要用推销员的标准，而不是娱乐的标准。广告不是为取乐创作的。如果你想让广告成为能够取乐的东西，那它们吸引来的那些想找乐的人，很可能并不是你的目标受众，这是广告最大的误区之一。广告创意人员放弃了他们的职责，忘记了自己是推销员，而把自己当成了一个演员。他们想要的是掌声，而不是增加销量。

在你策划和筹备广告时，心中要始终想着一个典型的目标顾客。广告的主题和标题要能引起他的注意。然后，你要时刻想着，你是在和顾客面对面地交流，并以此为标准创作广告。如果你是一个正常人，又是一个优秀的推销员，那么你就会取得你所能取得的最好的结果。

不要想着你面对的是一大群人，这会让你的认识模糊不清。要想象你面对的是一个典型的活生生的个体，他很可能想买你的产品。不要只想着把他逗乐，花钱是一件很严肃的事。不要吹牛，因为所有人都讨厌别人吹牛。不要炫耀，只做那些优秀的推销员在面对一个心动购买者时应该做的事。

有些广告人在策划广告和写文案之前，都会亲自跑出去向人推销产品。曾经有一位卓越的广告人，为了写一篇文章，花了好几个星期一家一家地推销产品。通过这种方法，他了解了市场对不同形式产品的诉求点和诉求方式的反应，掌握了潜在顾客想要什么，明白了哪些产品元素没有吸引力。为了一次广告活动走访上百个潜在消费者，这是很常见的事。

有的人为了研究消费者的心理会发出问卷。从某种程度上说，所有的人都必须学会如何触动消费者的心弦。毕竟猜测消费者想法的代价是惨重的。

广告宣传文章的写作者可能了解生产制作方面的事，也许还了解经销商方面的事，但这些知识往往使他们偏离了消费者的诉求，因为生产商或经销商的诉求并不等于消费者的诉求。

广告人应当研究消费者，努力让自己站在消费者的立场去思考问题。广告人的成功与否很大程度上取决于他是否这样做，而不是取决于其他因素。

有关营销方法论的内容，是本书最重要的部分。广告不成功的大多数原因，首先是试图向消费者推销他们不想要的东西，其次才是缺乏真正的营销方法论。

如今有不少广告策划和文案写作都包含一些完全错误的观念，它们是为了取悦销售商而写的，顾客的利益反而被丢在了脑后。如果一个人总是抱着这样一种态度，那么无论是面对面的人员推销还是广告营销，他都不可能把产品卖出去并赚到钱。

站在消费者的立场提供服务

记住，你面对的人都是自私的。他们并不关心你的想法或你的利益，他们只是为自己寻求服务。然而在广告界，对这一事实的忽视不仅普遍存在，而且代价高昂。在广告中说："买我的品牌吧，和别人做生意不如和我做生意，让我赚钱吧。"这样的表达方式不受欢迎。

真正优秀的广告不会求任何人购买，求也没用。通常好广告不会明示产品的价格，也不会提及有经销商在经销这种产品。

好广告是完全建立在服务基础上的，它们提供消费者所需要的信息，告诉消费者产品的优点。也许它们还提供试用品，或是替消费者支付第一单的开支，或是在征得消费者的同意之后，给他们寄一些样品。这样，消费者不需要付出任何代价，也不必冒任何风险，就可以验证广告承诺的真伪。

这样的广告有时显得很为消费者着想，但实际上它们也是建立在洞察人性的基础之上的。文案撰稿者知道怎样引导人们去购买产品。

这又是营销技巧。优秀的推销员不会只是叫喊某一个品牌，他不会说“买我的产品吧”，而是会站在消费者的立场为消费者提供服务，直到消费者心甘情愿地购买产品。

有个刷子制造商雇了大约2000名推销员，让他们去挨家挨户地推销产品。他们在这个似乎很难打开销路的领域，取得了巨大的成功。如果推销员只向家庭主妇推销刷子并让她们购买的话，那这一行确实会很难做。但是他们没有这样做，而是登门拜访，对顾客说：“我们老板派我来给您送一把刷子。我这里有各种样品，您可以挑选一下。”

这个消费者会很高兴，并认真挑选。在挑选获赠的刷子的过程中，她会看到另外几款喜欢的刷子。她也急于对获赠的礼物给予回报，于是推销员拿到了一份订单。

还有一家企业向大约500个城镇派出大篷车，销售咖啡之类的商品。推销员会带着半磅咖啡上门，对顾客说：“请收下这包咖啡，试喝一下。过两天我会再回来，聆听您对咖啡的看法。”

即便再回来，推销员也没有劝说对方购买咖啡。他只是解释说，他想送给这位女士一件精美的厨房用具，虽不是免费赠送，但如果她想要咖啡的话，那她买的每磅咖啡可以便宜5分钱，这样慢慢地，她省下来的钱就足以买那件厨具了。可见，成功的推销员提供的总是某种服务。

一家生产电动缝纫机发动机的制造商觉得，他们的广告总是难以奏效。于是他接受了一个合理的建议，停止恳求顾客购买产品，而是表示可以通过任意一家经销商，向每一个家庭送去一部发动机，让他们使用一个星期。厂家在送发动机上门的同时，还会派专人教顾客操作方法。广告上说："让我们为您服务一个星期，您不必承担任何代价或责任。"这样的承诺不会遭遇任何抗拒，而试用的结果是很多家庭最后都购买了这款产品。

在许许多多的领域都是如此。香烟生产商给人们送去成包的产品，对他们说："请您抽10根，不喜欢就把剩下的退回来，喜欢就留下，悉听尊便。"

书籍以及打字机、洗衣机、橱柜、吸尘器的生产商，往往不收取预付款就把他们的产品送给顾客试用。他们会说："请您试用一个星期，然后再作决定。"实际上，所有通过邮购方式卖出的商品都是允许顾客退货的。

这些都是常见的营销准则，连那些最不起眼的、沿街叫卖的小贩都在运用这些准则。然而，广告人在写广告文案时却常常忽视这些准则，他们只顾讨论生产商的兴趣所在，只强调某个品牌本身，就好像那是最重要的事情一样。他们所信奉的格言是：“把人赶到商店里去。”这就是他们在言谈中表现出来的态度。

你可以诱导消费者，但没办法把他们硬拖到商店里。他们无论做什么，都是为了让自己高兴。广告人只要永远牢记这一点，就会在广告中少犯错误。

广告是否有效，数字不会说谎

广告人面临的最严峻的考验是通过邮购的方式销售产品。不过，这也是广告人获得成功必须学习的课程。邮购的成本和收益可以很快显现，错误的理论会像阳光下的雪花一样无声无息地融化。一支广告是否赚钱，从回报上就可以一目了然。数字是不会撒谎的，它能立即让人们知道某支广告的优劣。

这可以增加广告人的信心和勇气，可以免除所有的猜测，可以凸显所有的错误。通过邮购广告认识到自己的判断力是多么频繁地出错——通常十有八九是错的，广告人就会变得不那么自负。这样他就认识到，要想提高成功的概率，广告就必须建立在科学的基础上。他还可以认识到，浪费掉的每一美元都增加了销售的成本。

因此，在邮购广告这样一位不会被愚弄的大师的教导下，广告人可以学会提高效率和精打细算。那时，也只有在那时，他才能娴熟地把同样的准则和方法论应用在所有的广告中。

例如，有一个人推销一种售价 5 美元的产品，他每收到一个顾客回复的广告成本是 85 美分。另一个人拿出一个自认为更好的广告方案，可是每收到一个顾客回复的成本是 14.2 美元。还有的人提交的广告方案，在两年的时间内，收到每个回复的成本平均只有 41 美分。

大家不妨按每年收到 25 万份回复计算，考虑一下这三个方案的差别。想一想那个把成本降低了一半的方案是多么有价值；再想一想那个把成本提升到了 14.2 美元，在回报上却没什么突破的方案，如果持续使用下去，会是什么结果。

可是仍有成千上万的广告人就是愿意这样做，他们仅凭猜测就花出去大笔的钱。他们正在做的，正是我们上文提到的那个把成本提升到 14.2 美元的人所做过的事——花了必须支付成本的 2 ~ 35 倍的钱做营销。

一项关于邮购广告的研究揭示了很多值得学习的东西，这是我们要研究的主要课题。只要广告持续露出，你就会看到回报，也就能判断这条广告是否是适合这个产品的好广告。

这支广告是在经过许多调研比较后选出的，因此它是当下最适合这个产品的广告。

要以敬畏之心研究那些广告，它们都经过了实践的检验，不是书本上的空洞理论。它们不会欺骗你，它们教给你的都是那些有见识的广告人应用在所有广告中的基本原则。

邮购广告的字号总是很小，通常会比普通印刷品的字号小。这种空间经济学比比皆是。由此我们可以得出一个结论，就是太大的字号并不见得会有更好的收益。

记住，当你把广告的字号放大一倍时，你也把你的版面放大了一倍。这条广告可能仍有利润，但是对收益的跟踪分析表明，你付出了双倍的销售成本。

在邮购广告中，不会有版面供你浪费。每一行空间都要充分利用，并且很少使用边框。因此，如果有人劝你在宝贵的版面留下一些空白，那你就要想到这条准则。

在邮购广告中，没有天南海北的闲谈，没有华章妙语，没有无聊的议论，没有任何只顾逗乐的内容，只有特别出众的服务。

邮购广告通常包含一张优惠券，这是为了促使那些已经有些心动的消费者采取进一步的行动，从广告上剪下来的优惠券可以提醒他们做出决定。

邮购广告主知道，人们总是会忘记一些事情。他们读杂志全凭兴趣，随时可能被某个故事吸引。读了某条广告并且决定采取行动的人，有很大一部分 5 分钟之后就会把这件事忘得一干二净。邮购广告主通过测试发现了这种浪费，但他并不打算任由读者浪费。于是广告主在广告中加入了一张优惠券供人们剪取，如果人们准备采取行动，那他们会用上这张优惠券。

在邮购广告中，图片总是与主题相关的，甚至可以说图片本身就是推销员，靠自己的价值在版面上赢得一席之地。画幅的大小是由它们的重要性决定的。如果一个人想卖衣服，那图片占的篇幅可能会很大。总之，不太重要的东西就不应占太大的空间。

普通广告中的图片有时并不遵循什么原理，它们很可能是一时兴起的念头。但在邮购广告中，图片可能会占销售成本的一半，所以广告主应该确保所有涉及图片的决定，都是经过多次比较测试后才做出的。

如果你仅仅为了装饰或引起别人的注意而采用对销售无用的图片，那请你在这样做之前，看一些邮购广告，琢磨一下别人取舍的标准。

有一个人做了一条孵化器的邮购广告，该广告使用了合适的标题和恰当的字体，为他带来了可观的收益。但他认为，也许用一幅引人注目的图片会带来更多的收益，于是他增加了 50% 的篇幅，在广告中加了一排小鸡的剪影图。

这的确使广告具备了更强的震撼力，但他的人均回复成本也相应增加了 50%，在新的广告中广告成本增加了一半，而销售额却没有丝毫增长。

这个人因此认识到，孵化器的购买者是一些讲究实际的人，他们是在找寻有吸引力的产品，而不是图片。

想一想那些无以计数的无人追踪收益的广告，只因为广告主的一时兴起，广告费用便增加了一半，收益却没有丝毫增长，而且，这种广告还有可能年复一年地做下去。

如果邮购广告想要达到的目的是取得即时销售，那它就应该讲述完整的故事，广告文案的篇幅是完全没有限制的。有一句格言是："说得越多，卖得越多。"据我们所知，在所有测试中，这句格言都显示出了其正确性。

广告主有时会使用篇幅短的广告，有时会使用篇幅长的广告。没有哪条广告会由于篇幅太短而讲不完一个有条有理的故事。但篇幅扩大两倍的广告理应带来两倍的收益，扩大四倍的广告应带来四倍的收益，甚至更多。

要取得收益翻倍的效果，就必须善加利用版面。把半页篇幅的文案放在一整页版面上，只会增加成本，很多测试已经证明了这一点。

你可以看看米德自行车的广告，那是一个典型的邮购广告，已经使用了很多年，而且一直没有变化。米德先生对文案撰稿人说，哪怕给他一万美元，他也不会改变广告中的任何一个字。

多年来，米德先生对比了一条又一条广告，我们今天看到的广告是所有这些对比测试后的最终结果。请注意广告中的图片、广告的标题、广告对版面的有效利用和广告使用的字号。从广告目的来讲，这是一条广告所能达到的最完美的程度了。

许多连续见报很久的邮购广告也是这样，每个形象、每个用词和每张图片都给我们提供了广告的最佳范例。你可能不喜欢这些广告，觉得它们不吸引人，过于拥挤，不易阅读，你可能会有很多类似的想法。但对广告收益的追踪证明，这些广告是它们所推销商品的最好的推销员。而且，它们确实取得了很好的收益。

邮购广告像是一个标杆，只要你愿意，通过观察其他类型的广告，你也能得到同样的结论。但是，邮购广告提供了一个样板，它们以一种难度较大的方式，成功地将产品推销了出去。比起把消费者引到商店里，获得邮购订单要困难得多。对一种无法目睹的产品，推销是很困难的。如果有哪条广告能够做到这一点，那它肯定算是一个出色的榜样，别的广告也都应该这样做。

然而，我们经常无法遵循邮购广告的全部准则，尽管我们知道应该这样做。广告主总是逼你让步，他们对自己广告的那种自豪也可能带来一些干扰。但是，对这些准则的任何偏离都会增加我们的销售成本。因此，我们总要面对这样的问题：我们究竟要为华而不实付出多大的代价？

至少我们可以知道自己付出了什么样的代价。我们可以对不同的广告进行比较，只要这样做，我们就会毫无例外地发现，越接近经过实践证明了的邮购广告式的文案，同样的广告投入就越能获得更多的顾客。

这一章也非常重要。请仔细想想，引导一个顾客通过直邮订购产品与从经销商手中订购产品，这二者之间到底有什么真正的不同？为什么推销手段要有所区别？

它们不应该有区别。如果出现区别，那必定是出于以下两个原因中的一个：要么是广告主不具备邮购广告主那样的洞察，只是在盲目地做广告；要么是他为了满足某种愿望而特意放弃了一部分收益。

这种做法可以理解，就像在豪华的办公室办公和在普通写字楼办公一样，每种选择都有其考量。我们大多数人情愿为了自己的尊严或一己之见做某件事，并愿意为此付出相应的代价。但是我们应该知道自己在做什么，应该知道为了自尊心会牺牲多少利益。此外，如果我们的广告不能带来预期的收益，那我们就应该以优秀的邮购广告为模板，从而减少一些浪费。

广告标题要能吸引目标读者的注意

广告和直销之间的区别，主要在于接触人的方式。推销员活生生地站在那里，设法引起顾客的注意，顾客不可能完全忽视他，而广告却有可能被忽视。

但是，推销员也可能会在永远也不可能对产品感兴趣的人身上浪费太多的时间，他不可能把这些人都识别出来。而广告的读者只会是那些对产品有兴趣的人，他们会根据自己的意志，研究广告的内容。

在广告中使用标题的目的，就是挑选出对产品感兴趣的人。就像当你想和人群中的某个人说话，你会先说“嘿，比尔·琼斯先生”，这样才能引起对方的注意。

广告也是这样。出于各种各样的原因，你在广告里推广的产品只会让特定的人产生兴趣，而这部分人群就是你要关注的对象。然后，去创作一个能吸引这些人注意力的标题。

一个故弄玄虚的标题或一些聪明独到的漂亮话也许可以吸引更多的人，但这类标题大多包含一些与产品无关的东西，使得广告的潜在顾客意识不到这支广告宣传的是某种他们想要的东西。

广告标题就好像新闻标题一样，很少有人会读完一整份报纸：有人对财经消息感兴趣，有人对时政新闻感兴趣，有人关心社会新闻，有人爱好烹饪，有人喜欢体育。在任何报纸上都有我们从不翻阅的版面，而有的人则一打开报纸就直接从这些内容开始阅读。

我们根据新闻标题挑选出想读的东西，不希望这些标题误导我们。标题写作是最重要的新闻艺术之一，它们或是消除或是激发某种阅读兴趣。

假设有一篇新闻报道某位女士是这座城市最漂亮的女人，那这篇文章肯定会引发那位女士和她的朋友的阅读兴趣。但是如果这篇报道的标题是《埃及人的心理》，那么无论那位女士还是她的朋友，都不会去阅读这篇文章。

广告也是这样。大家都说，人们不看广告。这纯属无稽之谈。作为广告人，我们在广告上花了数以百万的金钱，而且一直在关注产生的收益，我们惊奇地发现，广告的读者其实比人们以为的多得多。我们一次又一次地看到，有 20% 的报纸读者剪下了某张优惠券。

但人们翻阅广告并不是为了取乐消遣。如果一眼扫过去，没有使他们感兴趣的产品，那他们就不会读广告。一支关于女性服装的广告，即使是双页版，也绝不会引得男人看上一眼，而剃须膏广告对女性来说也是一样。

广告人脑子里要始终保有这样的概念：大家都很忙，那些值得开发的顾客手头有太多东西可读，根本读不完。他们花钱买书买报，但其中有四分之三的内容他们连看都不看。他们不会读你招揽生意的广告，除非你让他们觉得你的广告值得一读，而广告标题又能显示出这一点。

人们阅读全凭兴趣。他们可能会在餐桌上很有礼貌地听别人吹牛，听人讲些个人的私事或所经历的往事。但是在阅读时，人们会挑选自己感兴趣的题材。他们想要从中受益或是从中取乐，他们想要或划算，或漂亮，或省力，或好吃，或好穿的东西。杂志上所宣传的产品也许的确更能让他们受益，但是除非广告标题或配图能够告诉他们这一点，否则普通读者永远不会知道。

我在标题上花的时间要远远多于在正文写作上花的时间。我通常在一个标题上耗费好几个小时，而且常常是在舍弃了很多标题之后才找到一个合适的。这是因为，**一条广告所能获得的所有收益，都依赖于它是否能吸引目标读者的注意。**

没有目标读者，再好的推销技巧也不会有任何用武之地。

标题效果的巨大差异是由跟踪调查到的广告收益显示出来的，而跟踪调查广告收益也是本书所一直推崇的。同一条广告，如果选用了不同的标题，那它的回报会有巨大的差距。只修改一下标题就能使收益增加5到10倍，这样的事并不罕见。

所以，我们要不断比较不同广告标题带来的收益，直到找到能带来最佳收益的标题，即提出诉求的方式。当然，对不同产品，诉求方式会有所不同。

有时，我面前会有某个产品近2000条的广告标题及其收益的调查结果。这些广告的内容几乎是一样的，仅仅因为标题不同，收益就有了很大的差异。于是，根据我们对每一条广告收益的追踪调查，我们最终应使用的标题也就浮现出来了。

这样，我们得以了解什么类型的标题有最广泛的诉求。一种产品有很多用途，可以护肤养颜，可以预防疾病，还有助于保持精致。我们可以精确地找出，产品的哪一种功能是我们大部分读者最想要的。

但这并不意味着我们会忽视其他的读者。一种诉求带来的回报可能只是另一种诉求的一半，但也足以为我们带来利润。我们不能放过任何可以带来收益的领域，但是我们要知道，广告的标题在哪些方面会吸引哪些客户群体。

正是由于这个原因，我们采用了大量不同类型的广告。如果我们使用20种杂志刊登广告，那我们可能也会采用20个相互有区别的广告。因为每本杂志的发行虽有差异，但也有重合的部分，也因为相当一部分读者会被不同的广告吸引，而我们希望覆盖所有目标读者。

比如，肥皂广告采用标题“保持清洁”，可能只会吸引很少一部分人，因为它太普通了。“不含动物脂肪”这个标题也是这样，有的人也许不太在意这一点。“它很润滑”这个标题可能会有些意思，但如果标题提到美容和护肤，那可能会吸引成倍的读者。

某条汽车广告的标题提到它用了一款质量很好的万向节，这就太平铺直叙了，不能给顾客留下特别的印象。同样的广告，如果将标题改为“运动员中的运动员”，那么这条广告胜出的概率就会提高50倍。

这些例子足以说明广告标题的重要性。任何研究广告的人，都会对不同广告标题带来的差异感到惊奇。实践证明，广告人最喜欢的诉求点很少是最受读者欢迎的，因为我们对消费者的了解还不够，不知道他们的需求是什么。所以，我们要通过试验来了解每一种诉求的效果。

但是，这一切的背后，都隐藏着固有的原则。你向数以百万计的人展示一个广告，他们中有一部分人是你想吸引的对象。抓住这部分人，努力触动他们的心弦。如果你是在为束身内衣做广告，那男人和小孩是不会有兴趣的。如果你是在为香烟做广告，你的广告对不抽烟的人是不起作用的。剃须刀不会吸引女人，胭脂不会吸引男人。

不要以为那些读你广告的几百万人会去研究你的产品是不是有意思，他们只在一瞥之间便做出决定——靠你的标题或图片。所以，广告必须着眼于目标读者，而且只着眼于他们的诉求。

优秀的广告人都懂点心理学

优秀的广告人应该懂点心理学，而且懂得越多越好。他应该了解特定的影响会导致什么样的反应，并且借这些知识增强广告效果，避免广告中的失误。

人性是恒久的。在很多方面，今天的人性和恺撒时代的人性并没有什么区别。所以，心理学的原则也是固定的，是历久不变的，你过去学到的知识永远也不会过时。

比如我们知道，好奇心是最强的刺激因素之一。只要有可能，我们就要利用这一点。膨化小麦和爆米花在很大程度上就是依赖人们的好奇心取得成功的。“谷物膨胀到正常大小的 8 倍”“从枪里发射出来的食品”“在每颗谷粒中引发 1.25 亿次气体爆炸”，在发掘出这些诉求点之前，这些食品的推销是很失败的。

“便宜”并不是一种强有力的诉求。美国人是很奢侈浪费的，他们讲求经济实惠，但不喜欢廉价商品，他们希望感觉自己有能力吃得最好、用得最好、穿得最好。“便宜”这一诉求似乎意味着他们消费不起更好的产品，因此他们讨厌广告中的这种态度。

人们很大程度上是根据价格做判断的，普通大众不可能个个都是专家。英国国家美术馆中有一幅画，艺术品目录上的标价是 75 万美元。很多人最初从它面前经过的时候，只是匆匆瞥了一眼。但后来，当这些观众在艺术品目录上看到这幅画的价格时，便会返回去仔细观赏。

有一年复活节，一家百货商场为一顶定价 1000 美元的帽子做了广告，结果那层楼被跑来看这顶帽子的女顾客挤得水泄不通。

我们经常在广告中运用这个心理因素。假设我们正在为一个有价值的配方做广告，如果仅仅说它价值不菲，那就不会给人留下深刻印象，于是我们公开了我们花费 10 万美元买下这个配方的事实。这个声明一经发表，该配方就引起了人们的广泛重视。

很多产品是在提供质量担保的前提下出售的，现在这种营销方式如此普遍，人们对此已经习以为常了。可是有一家企业通过提供经销商签署的质保书赚了一大笔钱。经销商对每一个花钱买其商品的人都做出了书面形式的保证：只要顾客不满意，经销商可以全额退款。担保由一个像邻居一样的人来提供，而不是交由素未谋面的陌生人去做，这样的营销方式吸引了许多顾客，也获得了预期的效果。

很多人这样做广告，“试用一个星期，如果你不喜欢它，我们会全额退款。”后来有人受此启发想出了一个点子，即不需要对方付任何订金，就先把产品送过去，并且说：“如果你喜欢它，一星期后再付款。”实践证明，这样的做法能给人以深刻印象。

有一位很优秀的广告人这样阐释两种营销方式的区别：“有两个人来找我，都想卖给我一匹马。他们都对自己的马做出了同样的许诺，它们是好马，脾气好，步伐轻，小孩子也能驾驭它们。一个说：‘试骑一个星期，如果我说得不对，你再来找我要回你的钱。’另一个也说：‘试骑一个星期，’但他又补充说，‘到时候再付给我钱。’很显然，我会买第二个人的马。”

现在有无数的产品，如香烟、打字机、洗衣机、书等，都是在征得顾客同意后，以承诺可退可换的方式销售出去的。我们发现，人们是诚实的，退换货的损失很小。

有个广告主向商业界人士推销一套书。他的广告没能带来多少收益，于是他咨询了一位广告专家。其实，那些广告给人的印象颇深，出售的书看上去也挺吸引人。专家建议："我以前用过一个方法，很奏效，你不妨试试。你可以在广告里加一句话，表示你们会把顾客的名字烫金印在每一本书上。"广告主照办了，除此之外，广告几乎没有任何改动，但这回他们卖出了几十万套书。通过探索人们心理的一些特殊情结，我们发现烫金的名字可以使那些书籍大大增值。

很多广告主会向顾客或潜在顾客赠送一些手账本之类的小礼物，但效果并不好。有个广告主给顾客寄出了一封信，内容大致是他准备了一本印有对方名字的皮革封面的笔记本，只要对方来信索取，他就给寄过去。他要求对方在来信索取的同时也一并寄出申请表，表格里还列了一些问题，可以借此了解对方需要什么样的产品。

几乎所有的人都填写了申请表，并且提供了个人资料。当人们得知有某样东西属于自己，尤其是该物品上还刻有自己名字时，他就会努力去得到它，尽管它也许无足轻重。

用同样的方法我们发现，只针对某一群体提供优惠的营销方式比不加区分向所有人提供优惠的营销方式效果要好。比如，只面向退伍军人，只面向某些团体，或是只面向主管们，那些可以享受优惠条件的人会花大力气使用这些优惠。

有个广告主深受假冒产品的伤害，因而他会在广告中说

“小心假冒产品”“请认清您购买的品牌”等，但这毫无效果，因为这些都是“自私”的诉求。后来他说：“也试试我们竞争对手的产品。”——他还把这句话用作广告标题。他请大家对比不同品牌的产品，并表明自己不害怕这种比较，这使情况大为改观。这样消费者就会认真寻找这个品牌，因为它有明显的优势，它的生产厂家也不怕和别人较量。

有两个广告主生产的食品几乎是完全相同的，两个品牌都提供了一整袋产品供试吃。不过其中一家是免费赠送的，另一家则替顾客出钱买了下来：顾客凭兑换券可以在任何商店兑换一袋试吃产品，生产商会按零售价格向经销商付款。

第一个广告主失败了，而第二个广告主成功了。第一家甚至还失去了很多原有的市场份额。由于免费赠送的商品仅值 15 美分，这个广告主也因此使自己的产品掉了价。如果有一样产品曾经是免费的，那你就很难再让人花钱去买它。这就像习惯了用免费通行证坐火车，突然有一天却要买票乘车一样。

第二个广告主按零售价向零售商支付货款，让消费者试吃，这为他的产品赢得了附加值。一个好到让它的生产者花钱购买的产品，消费者当然愿意花钱购买。花 15 美分让顾客试用与简单的免费赠送之间，有着很大的差别。

派发试用品也是这样。给家庭主妇送去一件她并不需要的产品，她就不会太重视你的产品，更不会有兴致去发掘它的优点。但是如果她在看了广告之后，自己请求要一份试用品，那她的态度就会很不一样。因为那是她了解了产品的优势，对产品产生兴趣之后才行动的，而此时她想体验一下广告中承诺的产品性能。

心理作用很重要。拿出五个完全一样的产品，五个人的选择可能各不相同。但是，如果你指出其中某个产品有某些优势值得大家注意，那么每个人就都会去关注这些优势，而这五个人也许都会选择这个产品。

如果人们会因为心理作用而感到身体不适或健康，那他们也会因为心理作用偏爱某个特定的品牌。对于某些产品来说，这是赢得顾客的唯一方法。

有两家企业，门挨门，都用分期付款的方式出售女式服装，诉求对象都是那些没钱却想穿得漂亮的女性。其中一家就只是把顾客当作贫穷的女性，使用了一些很直截了当的广告语。而另一家却让一位像母亲一样慈爱、威严又能干的女士来策划广告。公司以这位女士的名义做宣传，使用她的照片，让她在所有广告和促销信上签名。她像朋友一样给女性顾客写信，告诉她们，她深知不能穿上最漂亮的衣服对女性意味着什么。她用了很长时间找寻机会，为女性提供漂亮的服装，并让她们任选付款期限。现在，又有人在幕后支持她，她就更有能力做好这件事了。

这两种诉求的效果有天壤之别。那位女士隔壁的竞争对手，虽然有很长的经营历史，但没过多久就关门了。

这家大获成功的女式服装商店的出资者，还经营着一家支持分期付款的提供家居装饰装修服务的企业，如果不加选择地向所有顾客送出产品目录，那收益肯定不会太大。而且长期的分期付款，往往会让顾客有些反感。

提供装饰装修服务的企业采取了有针对性的策略，如果一位已婚女性在那家服装店买过衣服，并且按协议的方式付了款，那他们就会给她写信："我们认识的某某女士告诉我们，您是她的好主顾。她说她和您打过交道，您做事很有信用。所以我们也为您设立了一个信用账户，您任何时间都可以使用它。如果您想买任何家具的话，请尽管找我们订货。您不需要预付任何款项，我们很乐意无条件地把货物给像您这样获得高度评价的人送去。"

这自然是一种奉承。不过，收到信的人若打算买家具，那她们便会从这家公司订货。

心理学知识没有止境。有些人天生就懂得这些道理，还有很多人是经验所得，但我们主要还是从别人那里学到这方面知识的。看到某种有效的方法，我们就应该把它记下来，时机一到就要尝试着去运用它。

这些知识很重要，同一件事用不同的方法去做，收获会大不相同。在商业经验的丰富宝藏中，我们必须找到最有效的营销方法。

卖点越具体越好

陈词滥调或泛泛而谈的广告诉求，就像鹅掌划水一样，稍过片刻就了然无痕，不会给人留下深刻印象。说“世界第一”“史上最低价”等，充其量不过是人们意料之中的广告许诺，而且这种极致描述往往有害，会显得你的表达很随意，有夸大其词的倾向，没有认真反映实际情况，还会导致读者对你所做的任何说明都将信将疑。

人们会给推销语言一定的空间，就像他们能接受诗歌语言的夸张与浪漫一样。对一个自诩“品质卓越”的广告主，人们并不会认为他在撒谎，尽管其他品牌的产品质量与之相比也不差。人们可以理解销售人员想把产品最好的一面展现出来，而且能够原谅他出于职业热情而做的一些夸张。但也正因如此，泛泛而谈的笼统说明不会有多大的说服力。如果一个人总爱用极致性的词语，那他就应该想到别人在听他说话时会倍加谨慎。

但如果一个人是在做很具体的说明，那他要么是在讲实情，要么是在撒谎。人们并不认为广告主会撒谎，他们知道广告主不可能在知名媒体上撒谎。现在，人们对广告越来越尊重，主要就是因为广告日益重视真实性。

人们通常会接受具体的说明，一般也会认真对待实际的数字。当广告陈述具体的事实时，其分量和实效是不言而喻的。

无论是书面文字营销还是人员推销，这一点都非常重要。论点的力度常常会因为具体的陈述而得到加倍强化，其说服力往往也会增强。如果你说钨丝灯比碳丝灯更亮，那别人可能还会有些怀疑，但如果你说钨丝灯的亮度是碳丝灯的 3.3 倍，那人们就会觉得这是你做过测试和比较后得出的结论。

某个经销商会说："我们降低了价格。"但这不会产生任何影响。如果他说"我们的价格降低了 25%"，那他的宣传就会有相应的效果。

有个邮购广告主向收入较低的女性出售女装，多年来他一直使用这样的广告语："全国最低价"。他的竞争对手都模仿他，于是他保证比别的经销商售价更低，他的竞争对手也这样做。很快这类承诺在邮购广告中比比皆是，成了这一行业的广告主常用的手段。

后来，这个广告主接受了一个很好的建议，把他的广告语变成了“我们的纯利润是 3%”。这是一条很具体的说明，让人印象深刻，而且也很奏效。根据他们的业务规模，显然他们的价格是最低的，没有人能用低于 3% 的利润做生意。第二年，他们的业务量就有了明显的增长。

有一段时间，汽车业给人们的普遍印象是这一行有超额的利润，是个暴利行业。有一个广告主接受了别人的合理建议，在广告中用了这样的广告语：“我们的利润是 9%。”然后，他列举了一款汽车的内部零部件的成本，这款车售价 1500 美元，内部零部件的成本总额为 735 美元，而这还不包括那些外部任何人都可以看到的零部件。这个广告很成功，广告主也因此在当时相似车型的市场中收获了更多销量。

在很长时间里，剃须膏广告的广告语大多是“丰富的泡沫”“不会在脸上干掉”“快速生效”等，这种宣传语每个广告主都会说，因此广告效果不会有很大差异。

后来，一个新的生产商进入了这个行业。这是一个竞争极其激烈的行业，因为赢得每一个顾客都需要与别的厂商竞争。他在广告中罗列了具体的数据：“这种剃须膏能产生 250 倍的泡沫”“在 1 分钟内软化胡须”“泡沫能在脸上停留 10 分钟”“130 种配方测试和比较后的成果”。这个广告很快见效，并大获成功。恐怕还没有哪个广告主能在竞争如此激烈的情况下，比他更快地取得那么大的成功。

安全剃须刀的制造商一直以快速剃须为卖点，而一个制造商宣称使用他的产品刮脸只需 78 秒，这就非常具体了，而且表明这确实经过了实际测试。结果显示那家公司很快在销量上取得了明显的优势。

过去，所有的啤酒广告都以“纯”为卖点，但这种宣传不能给人留下深刻印象。其实，广告的字号越大，就越显得愚蠢。在花了很多钱做了一些笼统而无用的广告宣传之后，一个酿酒商在广告中插入了几张图：一张是玻璃屋的照片，在这间屋子里，啤酒在过滤后的空气里冷却；一张是白木浆过滤器的照片，每一滴啤酒都要从这里过滤。这则广告还讲述了如何在机器里清洗 4 遍啤酒瓶，如何从地下 1200 米处开采出纯净的水源，如何做了 1018 次测试，培养出了一种能够使啤酒产生无与伦比的口味的酵母，以及所有酿酒用的酵母又是如何产自那块原生酵母的。

本来，其他任何一个酿酒商都可以做这样的宣传，因为这些东西都是普通酿酒工艺所必需的。但是，他是第一个告诉人们这些事实的广告主，而其他人还在空喊着“纯啤酒”。所以最终他取得了啤酒广告史上空前的成功。

“全世界都使用”是一句很有弹性的广告语。后来有一个广告主说“有 52 个国家的人在使用”，这成了很多人学习的榜样。

广告语角度多样，每一种都可以使用，但只有那种具体明确的表达才能取得成倍的效应，二者的区别是巨大的。如果有一种产品值得宣传，那就一定要用让人印象最深刻的方式把它呈现出来。

所有这些效果都必须进行研究。平面广告成本高，平均每一个词的成本可能高达 10 美元。推销员讲话漫无边际倒无关紧要，但如果你花费巨资诉求于上百万的人，那你所使用的语言就要非常有说服力。

泛泛之谈没有任何作用，这就像在说“你还好吗”时，你实际并不是真的想问候对方的身体如何。但是，如果在平面广告中能明确具体地说明产品卖点，那产品的价值自然就会展现出来。

广告要讲述完整的故事

无论你用什么样的广告语去吸引别人的注意，广告都应该讲述一个完整的故事。如果关注这些广告语的实际效果，那你会发现某些卖点远比别的更有说服力。但在一般情况下，有多个卖点可以吸引更大一部分消费者。因此，你需要在每一个广告中呈现这些卖点，以吸引这部分消费者。

有些广告主为了简明扼要，一次只呈现一个卖点，或者创作一个系列广告，每一篇表现一个主题。没有比这更傻的做法了，因为人们很少把这种系列广告联系起来。

一旦你引起了某个顾客的注意，就要利用这个机会一次性实现你的所有期望，要把所有说服力强的卖点都灌输给他，要兼顾你的目标的各个方面。这个事实能说服这部分消费者，另一个事实能说服另外一部分消费者。忽略了任何一个事实，就会失去说服某一部分消费者的机会。

对任何一种产品，人们都不习惯阅读连续性的广告，正如他们不会把一篇新闻报道或故事看两遍。人们只需看一遍广告，就可以决定是否接受广告的诉求，根本不会再看第二遍。所以，一旦你抓住了读者，就要一次性把每一个重要的卖点都呈现出来。

最成功的广告主就是这样做的，他们通过对比不同的广告标题及其对应的收益，来测试研究广告中呈现的卖点哪些更有说服力。慢慢地，他们累积了一套可用的呈现卖点的广告语，然后在其后的每一条广告中，都使用这套广告语。

对于阅读过大量广告的人来说，一个广告哪怕面面俱到，但总是老样子，终究显得有点枯燥无味。但是我们必须认识到，普通读者很可能只会看一次你的广告，如果你在那条广告里遗漏了什么内容，那他以后可能就再也不会知道了。

有的广告主甚至从不改动他的广告，同一份邮购广告经常会年复一年地刊登，收益却没有减少。一些大众性的广告也是这样。它们都是完美的广告，用最好的方式呈现出产品的所有卖点。广告主不指望读者读第二遍，它们的连续收益来自争取新的顾客。

每一条广告唯一需要考虑的是如何争取新的顾客。使用你的产品的人不会再去读你的广告，他们已经读过了，而且也做了决定。哪怕你之后整月整月地做广告，告诉顾客他们现在使用的产品有毒，他们也永远不会知道。所以，不要在现有顾客身上浪费你的版面，哪怕一行也不行，除非你在标题里就可以说清楚。**你要永远记住，广告的受众是尚未使用产品的潜在消费对象。**

任何阅读你广告的人都是对产品感兴趣的，否则他才不会去看广告呢。你面对的是一些愿意倾听的人，那么就尽力而为吧。如果你现在没吸引住他，那他就永远也不会再成为你广告的读者了。

广告主就像一个身在忙碌的顾客办公室里的推销员，他可能努力了很多次才得以进入办公室进行推销，而且以后或许就再也没有机会了。这是他唯一一次说服对方的机会，所以他必须充分利用这个机会。

这又引出了广告是否必须简明扼要的问题。关于广告，我们听得最多的说法是人们不会读长篇大论。然而，大量优秀的广告显示，人们还是读了很多篇幅较长的广告的。有时，他们还会写信索要更多的信息。

在简明扼要这个问题上没有固定的准则。像口香糖这类产品，可能用一句话就可以概括所有的卖点，麦乳类产品可能也是这样。但是，**无论广告篇幅是长是短，广告的内容一定要完整。**

某位先生想买一辆汽车，他对价格并不在乎。他想要一辆能彰显他身份的车，否则他觉得自己永远不会把它开出去。可他又是一个非常精明的商人，他希望自己的钱花得物有所值。

他倾向于购买一辆劳斯莱斯，当然也考虑过利箭和洛克莫比尔等牌子。但是这些名车的广告都非常简短，并没有提供多少信息。显然，它们的制造商觉得在广告中夸耀自己汽车的相对优势有失体面。

与之相反，马蒙汽车的广告则讲述了一个完整的故事。这位先生读了很多与之相关的资讯，于是他买了一辆马蒙汽车，而且从未后悔。后来他得知了另一个品牌的一款车，价格是马蒙汽车的三倍。要是他当初了解那款车的相关信息，那他很可能也会掏钱买下来。

为类似汽车这样的产品做广告，如果只是强调品牌，然后再加上一些空洞的泛泛之谈，那实在有些愚蠢。一辆车很可能是一生的大投资，是一项重要的开支。如果一个人有意买车，那他会了解很多关于车的信息，只要这些信息能引起他的兴趣。

所有的产品都是如此。如果一位主妇多年来一直使用某个品牌的早餐食品、牙膏或肥皂，而且已经成了习惯，那你想说服她改用其他品牌，将会困难重重。如果你不相信，可以试着当面说服她改变主意。你要做的不仅仅是让她购买你的产品，还要让她真正接受你的品牌。如果你曾在家庭主妇的门前做过推销，那你就不会再坚持广告一定要简短。你不会再说“一句话就够了”，也不会在广告中仅仅说一个品牌名称、一个承诺或一个可自吹自擂的卖点。

那些对自己的广告收益进行过跟踪调查的人也不会这样做。请注意，过于简短的广告根本不必追踪收益，因为我们可以预见它的效果不会很好。每一条值得跟踪调查的广告都要有完整的内容，哪怕它要用很长的篇幅来表述。

永远不要被那些未经跟踪求证的广告指引。永远不要因为一些不知情的广告主说那是对的，你就去照做。不要让盲人牵着你去走一条全新的道路。把公认的广告常识应用到你的广告中去。不要听信对广告效果和收益一无所知的人的意见，或屈从于他的主观判断。

广告中的艺术

在广告中使用图片，成本很高。因为美术作品类的图片不仅本身成本很高，而且它占用的版面的成本也很高。一条广告的成功，有将近一半的贡献来自图片的魅力。

任何高成本的东西都应该有实际效果，否则就是浪费。所以，研究广告中的美术作品具有非常重要的意义。

不应该只是因为图片有趣就使用它，也不应该为了吸引别人的注意或装饰广告而使用图片。在本书的其他部分我们已经探讨过这些问题。广告的目的既不是让别人觉得有趣，也不是取悦他人或娱乐读者。你并不是为了取悦大众而创作，而是围绕着一个严肃的主题——花钱消费。你针对的对象只是经过筛选的少数人。

图片只应该用来吸引那些能让你获得利润的人，且仅在相对于使用同样大小版面的文字描述，图片的诉求力更强时才使用。

就像前面说过的，邮购广告主已经在图片的使用上形成了一套科学的方法。有的邮购广告使用大幅图片，有的使用小幅图片，有的完全不用图片。值得注意的是，没有一个邮购广告主使用成本很高的美术作品，而且可以确定，所有这些图片都是因为其效果明显才被使用的。

其他广告主也应该坚持同样的原则。如果不确定哪种广告方法适合自己的产品，那就应该进行广告测试，努力探索出一种适合自己产品的方法。花一大笔钱做一场前途未卜的广告冒险当然很不明智。

在很多产品的广告中，图片已经成为广告的一个主要元素，更不用说那些本就应该使用产品照片的产品了。有一些产品如箭牌领饰和服装，其广告已经证明图片是很有说服力的手段。这些图片不仅展示了领饰或服装，而且展示了那些让人羡慕的潇洒男人，展示了他们身边一切让人羡慕的东西。它们巧妙地暗示了这些服装有助于男人取得他们想要的地位。

函授学校也是一样。它们的广告是根据广告收益的调查结果来设计的，那些身居高位者或成功人士的照片，都很有说服力。

美容产品也是这样，广告配图都是些漂亮的女人，那些魅力十足的女人非常令人羡慕。如果能在画面中再加上一个为她着迷的男子，效果会更好。因此，为了使美容产品的广告效果最大化，要用图片展示女性的美貌。

广告图片不能离奇怪诞，不能漫不经心地对待你的诉求对象。不要因为某些轻浮之举而让你的广告产品自降身份。人们不会惠顾一个小丑。有两件事绝对不能拿来开玩笑，一个是生意，一个是家庭。

一个人可以戴上小丑的帽子吸引别人的注意，但怪诞的图片可能会对你的广告造成很大的伤害，也会破坏产品的销售前景。此外，怪诞或别出心裁的图片还会分散人们对广告主题的注意力，你负担不起这样的损失。你的主要卖点都呈现在广告标题里，如果图片喧宾夺主，那就相当于扼杀了这个标题。不要为了争取广泛而无用的注意，而牺牲掉你真正想要的关注。

不要模仿那些穿着古怪的推销员，他所面对的那一小部分人通常不是优质顾客。绝大多数稳健而质朴的人会非常反感穿着哗众取宠的人。当你寻求信任感和说服力的时候，一定要保持一种正常的、合乎常理的状态。

大多数原则都会有例外，这些笼统的原则并不适用于广告中的所有图片问题。因此，每个领域的不同产品都需要根据实际情况进行研究。

但是，图片必须有助于销售产品。与其他占同样篇幅的表现手法相比，它应该更有帮助，否则你就应该采用别的方法了。

很多图片能比文字更好地传递信息。在膨化谷物的广告中，使用谷粒的图片是更为有效的推广方式，它们激发了消费者的好奇心。在这个案例里，图片的宣传效果是其他形式难以相比的。

但有些图片的使用完全是一种损失，我们看到过很多这类案例。了解图片效果的唯一方法就是比较广告的收益，其他问题也一样。

关于在广告中使用美术作品，有很多争议。对此，我不发表个人意见，只是将这些问题引述出来。根据所宣传产品的不同，似乎存在着正反两方面的答案。

使用高品质的美术作品是不是比普通图片能够得到更好的回报？有些广告主为每幅图片支付的价钱高达 2000 美元。他们觉得相比高昂的版面费，图片的成本并不高。他们考虑的是如何使广告的效益最大化。

也有些人说，受过艺术教育的人为数不多，具有艺术鉴赏力的消费者只是一小部分人，不值得考虑。他们提出了产品的卖点，并且以普通图片这种成本较低的方式充分展现了这些卖点。邮购广告主多半属于这类人。

这个问题只是一时之争。好的艺术作品当然比一般的图片更有生命力，而创作广告的成本相比刊登广告的版面费来说非常小。

是不是每刊登一次广告都应该使用一幅新图片呢？还是说图片可以重复使用？ 这两种观点都有许多支持者。重复使用很有可能是出于经济上的考虑。我们总是在寻找新的顾客，他们未必记得我们曾经用过的图片。即使他们记得，重复使用图片也没有什么害处。

彩色图片的效果会比黑白图片更好吗？根据我们迄今取得的经验，答案是并不总是这样。当然，用彩色图片呈现某些装在盘子里的食品要漂亮得多，广告效果也更好。对某些食品如柑橘、点心等产品的广告测试表明，彩色图片确实能带来更高的广告收益，因为彩色照片相当于给产品做了实物展示。

但是，如果采用彩色图片的目的是愉悦他人或吸引别人的注意，那就跟我们使用其他任何方法没什么不同了。它也许能吸引非常多的人，但是并不能保证吸引来的每一个人都能耐心看完广告。

在这方面，通用原则仍然适用。不要仅仅为了引起别人的兴趣、愉悦或吸引他们就去使用某种广告方式，这不是你的工作。你唯一要做的，就是以最简单可行和最低成本的办法赢得你的目标受众的关注。

不过，这些都是小问题。它们只是一种经济上的考虑，并不会对某次广告活动的效果产生重大影响。

你做的一些事有可能事倍功半，而另一些事则可能事半功倍。与基本原则相比，减少成本算不了什么。这个人可能在小草屋里做生意，那个人可能在宫殿里做生意，这并没有实质性的差别，其中的关键性区别只在于：谁有能力取得更多的收益。

不要试图改变人们的生活习惯

很多做广告的方式原本可行，但都因为代价太高而不值得尝试。这也是每一个项目和方法都必须经过评估，并根据投入产出比进行判断的原因之一。

改变人们的习惯代价高昂，涉及此类问题的项目应该慎重考虑。要想把剃须皂卖给俄罗斯的农民，首先就要改变他们蓄须的习惯，但改变这个习惯的成本极高。尽管如此，还是有无数的广告主想做这种几乎不可能完成的事，就是因为他们对这类问题没有仔细考虑，没有追踪并计算广告的收益。

例如，一位牙膏广告主可能会用较长的广告篇幅和相应的很高的版面费来培养人们刷牙的意识和习惯。我们通过测试得出的数据表明，每发展一个这样的顾客，可能要花费20 ~ 50美元。工作难做还是次要的，关键是大量的广告及相关费用其实都用在了已经养成刷牙习惯的顾客身上。

这样的代价当然是不可取的，每个顾客一辈子产生的销售额都抵不上这样做的成本。通过测试了解到这样的事实后，生产商就不会挖空心思让人们培养刷牙的习惯了。一件投入了很多成本都无法赚钱的事情，减少成本投入后就更不可能，所以任何一条广告都不会以此为目标。这位生产商追踪每一条广告的收益，不断调整方向，最终取得了巨大的成功。

另一位牙膏制造商花了很多钱鼓励消费者使用牙刷。这个项目值得称赞，但并没为他带来多少收益，他所创造的新机会还被竞争对手瓜分了，而他还在纳闷：为什么自己的销售额的增长幅度与支出一点儿都不成比例?

有一次，一位广告主支付了大笔广告费，想要培养人们吃燕麦的习惯，但是效果微乎其微。大家都知道燕麦，不过很久以来人们都认为这是一种儿童食品，而且医生也一直都是这样宣传的。因此，那些不吃燕麦的人很难被说动，他们对燕麦的抵触可能是广告主无法打破的。不管怎么说，即便广告有所回报，那代价也太大了。

很多广告主都知道这些事实，并且会知难而退。他们不会让整个广告活动都为这类不可能实现的目标服务，但还是会用一定的篇幅来实现这样的目标。其愚蠢程度不亚于以五十步笑百步，这不是好的经商之道。

没有哪个柑橘种植者或葡萄种植者会试图单枪匹马提高这些水果的总消费量，因为这样做的成本可能会是他从中所获收益的上千倍。但是几千个生产商联合起来推广这些水果或其他农产品，就会带来很大的广告发展机会，那些食品种类的总消费量就会得到提高，果农也会因此获得巨大的收益。当然，这必须建立在广泛合作的基础上。

没有哪个广告主有能力支付一大笔费用，来教育人们了解并使用维生素或杀菌剂，这应该是医学权威们通过无数免费刊登的文章做的事。面向已经受过教育的顾客，满足他们由此而产生的需求，广告主就会取得巨大的成功。

最聪明的办法是观察流行趋势的发展，发现被创造出来的新需求，然后在适当的时机提供服务，满足这些需求。例如，酵母类产品和许多消毒剂的制造商都这样做过。每一年的流行时尚或趋势都会带出很多新生事物，你可以在它们身上一试身手。但若是创造一种流行时尚、倡导一种品位或传播一种影响力，然后分享给所有同行，那情形就完全不同了。

我们知道有些东西有可能卖给全国一半的家庭，比如达金消毒液，可是每家的消费量可能很低，一小瓶可以用好几年，而每瓶只需顾客花费 1.5 美元。从每个顾客身上累计 10 年获得的收益，都无法抵销为赢得他们而付出的成本。

单一产品的邮购广告，无论如何受欢迎，成本都很少在

2.5 美元以下。我们可以合理推测，通过经销商销售类似产品，成本也会差不多。在我们每次销售单一产品时，就要考虑成本问题。一个顾客可能会带来另一个顾客，但假如像邮购广告那样追踪调查广告的效果，那现行的很多广告都会被否决掉。

代价高昂是由于盲目地按照某种错误的概念行事造成的。比如有一种产品可能有许多功能，其中之一是预防疾病。而预防疾病不是一个受公众重视的话题，尽管它应该是。人们通常宁可费很多力气去解决麻烦，也很少会采取措施来预防这些麻烦的发生，很多不成功的广告案例都可以证明这一点。

有的广告主可能会花不少钱来宣传产品的预防功效，而同样的钱用来宣传产品的其他功效可能会带来好几倍的销售额。在广告标题里强调某个卖点可能比强调另一个卖点效果好 10 倍。广告主只有认识到这一点，才不会在歧途上走得太远。

某种牙膏的功能可能是预防蛀牙，它也可以使牙齿更美丽。但测试结果很可能会证明，后一个卖点比前一个卖点强有力得多。最成功的牙膏广告主从来不在广告的标题中突出某种牙齿疾病，测试证明这会让人很不愉快。但有些同行却突出表现了这一卖点，究其原因，是因为他们不了解，也不比较宣传不同卖点的广告的效果。

有一种肥皂可以治疗湿疹，也可以美白皮肤。针对治疗湿疹的宣传可能只对1%的人有意义，而关于可以美白的宣传几乎对所有的人都有意义。提到湿疹甚至可能会伤害到对其美白功能的宣传。

有一种治疗哮喘的药，有人已经靠卖这种药大获其利，并认为其中有很好的广告机会。关于哮喘病，我们没有统计数据，不知道有多少人患有哮喘病。调查或许会表明患哮喘的人数不过是总人口的1%，要是这样的话，那广告吸引的每100个读者中，只有一个是它的目标受众。与那些在5个人中找一个目标受众的产品相比，他的代价可能会是别人的20倍。这样超额的代价很可能意味着灾难。正因如此，每一个新广告主都必须进行相关的咨询，任何一个将广告效益牢记在心的广告人，都不会建议他的客户这样去冒险。

有些宣传也许不会受到普遍的欢迎，不值得在大众中进行重点推广，但仍然值得推进，因为它们对一定数量的人仍有影响，比如影响到四分之一的潜在顾客。可以考虑在你的一部分广告标题中强调这些优势，也许还应该在所有的广告中都有所表现，但这种事情不能靠猜测去做，应该由实际情况来决定，一般可以通过调查广告效果来判断。

这一章与本书其他章节一样，指明了为什么了解广告效果是那么重要，科学的广告离不开这种了解，安全的广告也是如此。**想获得最大利润，广告就必须科学。**

在这一行里，在黑暗中摸索所付出的代价可能已经高到足以偿清国债了。这种事已经造成了广告业中的很多悲剧，它使许多本来可以在这一行盈利的广告主饱受挫折，而知识的曙光正在推动广告业进入新的时代。

尽可能多地获取产品信息

广告创意人要想获得成功，就必须全面了解产品，获取尽可能多的相关信息。广告代理公司的资料室里应该有很多值得研究的与产品相关的资料。一个不辞辛苦的广告人，常常会为了解决一个问题而花上几个星期的时间查阅资料。

也许广告创意人翻看了很多书，也找不到几条有用的信息，但有时一条信息就可以成为打开成功之门的钥匙。

有位文案人员为了推广一种不含咖啡因的咖啡查阅了大量的资料，有关于医药学方面的，也有其他方面的。在他看过的成千份科学论文中，只有一篇文章对他的这次广告活动有所启示。文章指出，事实证明，咖啡因在饮用后两小时才产生刺激作用，所以人们从咖啡中寻求的那种立竿见影的提神效果并不是来自咖啡因，去除咖啡因并不会消除喝咖啡产生的快感，也不会改变咖啡的香浓美味，因为咖啡因既没有滋味也没有气味。

无咖啡因咖啡已经做过很多年广告了，人们把它当作一种近似啤酒的东西。经过好几个星期的阅读研究，那位文案才找到了一条充满希望的道路。

为了推广一种牙膏，这位文案也曾从故纸堆中查阅了大量枯燥乏味的科学读物。在其中一本书里，他找到了一个点子。这个点子为那个牙膏生产商带来上百万美元的收入，也使那场广告活动成了广告史上的一个成功典范。

天才的表现来自对工作不辞辛苦的付出。一个广告人如果不能卧薪尝胆，那他永远都不会有什么进步。

有一次，在为一种食品做广告之前，广告主雇了130个人，用几个星期的时间调查各个阶层的消费者。

在另一种产品上，广告主向12000名医生寄了调查问卷。他们经常给成千上万的人发送各种问卷，以了解顾客的想法与需求。

有一位年薪25000美元的广告人，他在为乙炔气体报警装置做广告之前，用了好几个星期的时间，从一个农场跑到另一个农场进行调查，而另一位广告人则是坐着拖拉机完成了这个调查。

在为一种剃须膏做广告之前，广告主访问了上千名男士，希望了解他们对剃须膏最迫切的需求。

为了推广一种猪肉炖大豆的罐装食品，广告主对上千个家庭做过上门试销调查。在此之前，所有的猪肉炖大豆广告还都是按“买我的品牌吧”这一思路做广告。这次试销调查表明，只有 4% 的人吃罐装猪肉炖大豆，而 96% 的人选择自己在家烹制这道菜。

其实问题不在于销售某个特定品牌的猪肉炖大豆，任何这样的尝试都只能打动 4% 的人。正确的诉求是说服人们不再在家烹制这道菜。该产品的广告如果不了解这一点，肯定会失败，而正是通过征求人们的意见，广告主把握了这一关键信息，最终使广告获得了巨大的成功。

我们不仅对家庭进行了上门试销调查，而且对经销商也做了同样的调查工作。由此，我们对品牌之间的竞争状况进行了评估。

所有同类产品的特点和广告创意，我们都一一记录在案。这样，我们得以从一开始就准确了解竞争对手在做什么。

我们不断去拜访剪报社，并给它们提供赞助，这样我们可以很容易搜集到与广告主题相关的资料，然后提供给那些文案撰稿人。

所有来自顾客或经销商的意见和建议，都应该提供给广告人。

了解某种产品总体上的消费情况也很有必要。我们必须知道一个顾客一年花多少钱在这种产品上，否则我们不会知道这些顾客是否值得花那么大代价去争取。

我们必须知道总的消费量，否则我们可能会超支。我们必须知道我们的目标受众在所有读者中占了多大的比例，必须经常按顾客类别收集这方面的数据，这个比例在农村和城市可能不同。广告成本在很大程度上取决于无效发行所占的比例。

因此，广告活动通常是由大量的数据推动的，甚至一个测试性的广告也是这样，因为有效的测试也是要以大量的工作和时间为代价的。

科学家经常会被请来证明或是证伪某个不确定的广告诉求，如果广告主能够获得大家的信任，那他就可以使自己的产品给人留下很深的印象。如果他所说的名副其实，那这些就可以成为广告中的主要内容；反之则自食其果，他的广告会遭到权威媒体的排斥。我印象很深的是，太多的广告主多年来一直在宣传的某一信息，最后却都被证明名不副实。

让人印象深刻的卖点如果精确，就会越发令人瞩目。所以，为了得到确切的数字，人们做了很多实验。例如，人们知道某种饮料有很高的营养价值，但这个简单的卖点说服力不强，于是我们把这种饮料送到实验室去检验，发现它每品脱[1]含425卡路里，即一品脱该饮料相当于6只鸡蛋所含的营养，将这个发现宣传出去，就可以让人印象更加深刻。

在每一种与科学细节相关的产品中，都要有专职的审查员来进行审查。对于广告创作者来说，无论怎样广泛地了解信息，都有可能从事实中得出错误的推断，所以要有一个权威人士来检查每一条广告。

不了解情况的人可能会感到惊讶，在一条广告中居然包含着如此多的工作，有时为了完成这些工作甚至需要用好几个星期的时间。广告看起来是那么简单，而且为了吸引朴实的群众，它也必须简洁明了。但是在这条广告的背后，很可能是大量的数据、大量的信息和好几个月的调查研究。

所以，广告业不是懒人待的地方。

---

① 1品脱约等于0.568升。

制定有效战略

做广告很像打仗，只是没有你死我活。如果你愿意，那你也可以说像是在下棋。在“广告战”中，我们也经常要攻城略地，去争夺别人的生意。

我们必须具备一定的技巧和知识，接受过相关培训，经验丰富。我们必须有合适的武器弹药，而且要足量。我们从不敢低估对手。智囊团是我们制胜的关键因素，就像我们在前一章讲到的那样。我们需要与经销商结盟，这会在后面讲到。我们还要制定出最有效的策略，使我们的力量能够成倍地发挥。

有时，在新的广告活动中会出现命名的问题，这可能是最重要的问题。响亮的名称本身往往就是一条广告，可以传达出相当完整的产品信息，比如细面条、麦乳、爆米花、绿薄荷口香糖、棕榈橄榄香皂等。

好名称具有很大的优势，它通常是对产品开门见山的展示。实践证明，很多名称本身就是产品获得成功的最主要因素，而有的名称却让产品有了明显的劣势，比如“烤玉米花”。一个生产商培养出的市场需求，很可能被一大批生产商复制。

许多名称没有实际意义的著名品牌也能够成功，柯达、卡罗、马自达等都是这样的例子。它们都是独一无二的，给它们起名称的广告主从不会让别人复制它们的优势。一个有助于宣传产品卖点，给人留下深刻印象的响亮名称，当然是一种巨大的优势，能讲故事的商品名称更是价值万金。所以，在选择名称之前，常常需要进行大量的调查。

有时产品的价格也必须慎重决定。高昂的价格会遭到消费者的抵制，会让广告的营销范围受限，那样获得利润的成本或许会比得到的利润高很多。

众所周知，薄利多销能带来巨额利润。金宝汤、棕榈橄榄香皂、卡罗糖浆以及福特轿车，都是很典型的例子。如果一种价格只有一小部分顾客——比如 10% 的顾客能够接受，那产品的销售成本就会成倍增加。

但是在有些产品上，价格高低并不重要，高额利润是这类产品所必需的。这类产品的人均销量不会太大。人们不会在乎自己花多少钱买一种治鸡眼的药，因为用得很少。正是因为这样的产品消费量较小，制造商必须确保有较高的毛利率，才能维持正常的生产。

而对某些产品来说，较高的价格甚至可能正是其诱人之处，因为这类产品的价值在很大程度上是按照价格来判断的。这种产品比普通产品价格高，人们就认为它比普通产品更好。所以，价格是一个非常重要的战略因素。

竞争也必须纳入考虑的范围。你会面临哪些挑战？别的同类产品在价格、质量或宣传上有什么优势？你具备哪些优势与他们争夺生意？你获得这些生意后该如何保持竞争力？

你的竞争对手能力有多强？在某些领域，他们可能近乎无懈可击。这类产品通常建立了新的消费习惯或风尚，并在消费者心目中成为行业标准。他们完全控制着某一个领域，别的产品很难有机会再打进去。它们拥有规模和利润，可以应对激烈的竞争。

不过，这些领域也经常遭到“入侵”，但要实现这种“入侵”，需要有某个令人信服的产品优势，或是非常出色的平面广告。

其他领域的产品也不会容易多少。就拿某种新的剃须膏来说，几乎每个潜在消费者都在使用某个竞争对手的产品，而且他们中的大多数人也都对正在使用的剃须膏相当满意，甚至许多人已经习以为常了。因此，要想把他们从固有偏好中争取过来，卖点就必须足够强烈。

要取得这样的成功不能靠随意的行动，不能把顾客看作没有任何差异的一群人，不能在人们的偏好问题上胡乱出手。对于那些正在使用竞争品牌的顾客，我们必须考虑他们的个性和典型性。比如，卧铺车厢里，一名男士正在使用他喜欢的品牌的剃须膏，那么，你需要怎么说才能让他改用你的产品？我们只有知道如何赢得一名消费者，才能去尝试向千千万万的消费者推销。

制造商也许会说，他的产品其实没什么特点。他生产的是好产品，不过和其他厂家的产品也差不多。他理应从市场中分一杯羹，但他的产品又没有什么吸引消费者的独特优势。其实，几乎任何产品都有一些能给人留下深刻印象，而其他人又没有提到过的优势，我们必须发现它们。我们必须让产品看上去拥有一种明显的优势，否则，人们不会毫无理由地改变自己的习惯。

这就出现了产品替代，以及如何防止替代品出现的问题。经常会有制造商的生意被别人抢走，这一点必须在最初的计划中加以考虑。制造商必须有远见，能预见会发生什么事，他还要有足够的智慧预先建立起自己的壁垒。

就某些产品而言，一些先行者创造了巨大的需求。但是，由于他们在创业过程中的一些失误，又丧失了很多应有的市场份额。比如，他们品牌的产品本来可以独一无二，但最终失去了这种地位。

凡士林就是一个例子。这种产品创造了一种新的需求，在初始阶段，通过一系列有效的经营活动，它几乎取得了垄断地位。如果当初把它命名为类似“石油膏脂”这样的名字，那结果也许会相差十万八千里。

吉露果子冻、波斯塔姆热饮、维克多唱机、柯达胶卷等，都建立起了杰出的品牌，并把品牌名称变成这个行业的产品象征。有些名称还被收入词典。尽管这些名称是生造出来且独一无二的，但现在都已经家喻户晓。

而皇家发酵粉、烤玉米花则是相反的例子，它们在开创市场的时候，给替代产品留下了很多可以进入的空间。霍利克麦乳精也是这样。

经销商的想法也必须多加考虑。一些新的趋势在慢慢形成，比如经销商希望减少产品种类，避免产品重复，减少库存。如果你的产品正好品种多，那你该如何说服经销商销售你的产品？如果出现了竞争对手，那该如何战胜他们？

分销问题很重要，而且也很容易出大问题。如果一个产品没有几个经销商愿意销售，那做广告只会是一种浪费弹药的做法。这个问题我们会在后面专门讨论。

这些都是一个广告人必须解决的问题，也解释了为什么广告人要有丰富的经验。因为如果忽视了其中的一点，就有可能让客户最终付出几百万美元的代价。一个战略错误便可能葬送成功。用这种广告方法有时会事半功倍，而换另外一种广告方法则正相反。

不加准备就做的广告，就像未加利用的瀑布，声势可能很大，但不会产生多大的效果。我们必须集中力量，往可行的方向使劲。

广告通常看起来很简单，成千上万的人宣称自己有能力做好广告，而且人们也普遍相信很多人都能做好广告。结果就是，很多广告成了一时兴起的产物。可是真正了解这个行业的人知道，广告中要解决的问题就像修建一座摩天大楼会遇到的问题一样，既多且重要。而且，很多问题在广告的初始阶段就已经显现了。

使用样品，让产品自己说话

产品本身就应该是自己最好的推销员。我指的不仅仅是单纯的产品，还包括产品给人的主观印象以及它所营造的氛围。由此，派发试用品就具有了非常重要的意义。无论要花多少钱，总体评估下来，这还是最低廉的销售手段。推销员怎么可能像广告主那样，不带他的试用品箱就出发呢?

派发试用品的做法并不仅仅适用于食品和专利药品这样的产品，它几乎适用于一切产品。我们派发过衣服，也派发过唱片。

试用品可以实现多种有价值的目标。它们可以让人在广告中使用“免费”一词，而这个词可以招徕成倍的读者。对任何赠送的礼物，绝大多数人都会产生兴趣。我们的测试经常表明，试用品本身的作用相当明显，甚至创造出了超过其自身价值好几倍的回报，因为它可以在不增加额外版面费的情况下，使广告的读者成倍增长。

一份试用品就能促使消费者采取行动。你的广告中呈现的卖点未必能说服读者做出购买的决定，但是他一般会愿意进一步了解你的产品。所以，他会剪下优惠券，把它放在一边，然后把它寄出去或去商店兑现。如果没有优惠券，那他会很快忘记这件事。

接着，你就有了这名对你的产品感兴趣的潜在顾客的姓名和地址，你可以让他开始使用你的产品，可以给他提供更多的产品信息，你还可以对他跟进走访，了解他使用产品的感受。

这名读者有可能在接下来的 6 个月内不会再读你的广告，对产品的印象也会慢慢减弱。但是当他给你写信的时候，你就有机会动员他，对他使用所有营销手段。从避免浪费的角度来说，试用品本身就收回了对它的投资。

有时候试用品分量太少，看不出效果。在这种情况下，我们可以向经销商订购一整包产品，或者让持有优惠券的顾客到商店里兑换一整包产品，这样可以让顾客对产品进行更长期的试用。

你会说这样做费用太高了，可是要引起某个潜在顾客对广告产品的兴趣，代价不也是很大吗？你可能要付出 50 美分的成本，才能让一个潜在消费者走到写信索要试用品这个环节，不要因为额外的15美分的成本就止步不前，把机会白白浪费掉。

派发试用品取得的另一种回报是追踪你的广告收益。它们可以记录你的广告所激发的兴趣，这样你就可以比较每一种广告、每一个标题、每一个计划、每一种手段，以判断哪种形式更有效。

不管推广什么产品，这种做法都意味着巨大的节约。即使最聪明的人、最有经验的人，也无法说出文案中哪个卖点的说服力最强。如果不能追踪广告收益，那你的收获很可能就要付出双倍的成本。我们知道有些产品的广告成本可能是其他产品的10倍，派发试用品可以让你进行准确的成本核算，从而节省相当于试用品自身成本好几倍的开支。

同样，派发试用品能够让顾客了解他们可以从哪里买到产品。在你建立起广泛的分销网之前，这一点非常重要。

很多广告主由于太斤斤计较而遭受很大损失。他们害怕付出，或者说他们只想着省钱。因此他们要消费者先支付10美分订一个试用品，或是预备一两张邮票。为了节省这一点钱，他们最终的成本可能会从40美分涨到1美元。也就是说，广告的回复成本有可能会因此增加。需要引以为戒的是，有很多广告主宁愿支付这笔额外的成本，也不愿提供免费的试用品。

在试用品上注明价格会对回复造成很大的负面影响，还会使你在广告上所使用的“免费”字样大打折扣。我们已经说过，“免费”这个词能带来的回报，一般都会超过试用品的价值。

基于同样的原因，有些广告主会说“买一送一”，或发行购物券抵偿部分产品价格。所有对广告效益的追踪调查都清楚地证明，这样的推销不会有什么效果。如果潜在顾客还没有准备好换用你的产品，那把产品以半价卖给他和以全价卖给他差不多一样难。

你一定要记住，你是推销员，是那个激发别人兴趣的人。那么，当读者对产品产生兴趣时，不要让他们为难。不要让你的潜在顾客为你的推销支付费用，否则 75% 甚至 90% 的人会拒绝付钱。

不同产品的试用品索取成本有所不同，这取决于广告的诉求范围。有些东西能吸引所有人，有些只能吸引一小部分人。大纽约区有家报纸，有一期引来了 146 万份回复信函，索取一种罐装炼乳的试用品；有一种巧克力饮料，五分之一的优惠券都得到了兑现；而另外一种使用不那么广泛的产品，其兑现的比例可能只是上面两种产品的几分之一。

不过，索取试用品的成本通常都不小，需要加以重视，千万不要忽视它们。对那些你已经卖出一半的产品，也不要吝啬试用品的发放。每一份索取都意味着有一名潜在顾客读了你的广告，并对产品产生了兴趣。他愿意试用你的产品，愿意了解更多的情况。就当这名顾客正站在你的面前，所以你该怎么做就怎么做吧。

索取试用品的成本，很大程度上取决于索取的方式。请消费者把优惠券寄回来，这种方式回复最少。如果这种优惠券在商店里就能兑换一件试用品，那回复率通常会是前一种方式的 4 倍。

笔者推广过一种产品，通过邮寄收回的试用品索取函，平均每份成本是 70 美分。而如果顾客可以持优惠券在当地的商店兑付，那平均每份试用品的索取成本在 18 ~ 22 美分。

大多数人不怎么写信，写信是一件费力的事。或许他们家里没有邮票，很多人宁愿花钱坐车去取一份试用品，也不愿贴上一张 2 美分的邮票。因此，只要有可能，最好的方法是就地供应试用品。

有一种产品给顾客提供了 3 种索取试用品的方法：写信索取，打电话索取，到商店索取。结果 70% 的索取来自电话，可见用电话比用邮票更普遍、更方便。

有时候，我们不可能向所有的经销商提供试用品，这时我们可以引导顾客去一些总店领取。这些店铺也愿意有更多顾客光临，而其他的经销商一般也不会反对，只要他们还保留着销售份额。

让这些经销商把优惠券尽快返给你，这很重要。这样你就可以在消费者兴趣还很浓厚的时候，尽快采取下一步行动。

据说有些人会不断索取和使用试用品。在某种程度上，这样的情况确实会发生。但是重复使用的人只是一小部分，你可以把这些计入你的成本。

对顾客说“一户只能领一份试用品”，就很少有人会再去要第二份试用品，而那些一直索取试用品的人一般并不会花钱购买产品。所以你并不会因此损失顾客，你损失的不过是一点试用品而已。

对于很多产品，我们在推广时免费供应正品包装的试用品，其价格从 10 美分到 50 美分一包不等。有一次，我们在几个特定地区调查了重复使用优惠券的消费者的情况，发现这样的重复索取给我们造成的损失比我们的调查费用低得多。

有一些产品的试用品常常会被孩子们浪费掉，而他们还总是抢着要试用品。针对这种情况，你可以在优惠券上注明：“仅限成人使用。”这样，孩子们就不会去兑付这些优惠券了，而且他们也很少会把优惠券寄出。

不过，在发行那种可以在任何商店里换取正装产品的优惠券时，一定要谨慎。有些顾客，甚至包括经销商，会买下很多刊登优惠券的报纸。所以，我们事先不预告刊登这种优惠券的时间，而且我们要把它们刊登在星期天的报纸里，这样人们就不大可能一下子买很多。

但是我们并不主张毫无选择地发放试用品。派送上门的试用品，就像趴在门阶上的流浪猫一样，永远都不会带来回报。很多优惠券根本到不了家庭主妇的手里，即使主妇们拿到了，也不会对它们有什么偏爱。这样的产品太让人看轻了，这种推广方式不恰当。

在商店里做展示也是同样的道理，总有一种方法可以有效地降低成本并获得同样的收益。

很多广告主不懂得这一点，他们把成千上万的试用品送到经销商手中，任由他们送出去。要是对成本和收益做一个跟踪调查，这些广告主一定会大惊失色。

只把试用品送给那些用某种方式表达了对产品有兴趣的人，只送给那些对你的宣传有所了解的人。要创造一种引起他们的重视、需求和期待的气氛，当人们处在这种情绪中时，你的试用品可以使他们确信你所承诺的产品质量。

这使评估人均营销成本的做法又一次显示出它的优势，这是判断广告好坏的唯一方式。试用品有时候好像使广告的成本成倍地增加了，它们经常会比广告本身的成本还要高，但只要正确地使用，它们就会是一种成本最低的争取顾客的方法，而这正是你想要的效果。

反对试用品的说法通常是带有偏见的，说这种话的最有可能是那些希望广告主把所有广告费都花在平面广告上的广告代理商。可以用试点测试的方法来回应这种说法：在一些城镇使用试用品，在另一些城镇不使用试用品。我们发现，在那些试用品得到有效利用的地方，赢得顾客的成本会降低。

如何建立销售渠道

很多广告主面临建立销售渠道的问题。没有销售渠道，做全国性的广告是不可想象的。对一个企业来说，如果90%想换用它的产品的人都不知道去哪里购买，那这家企业不可能赚钱。

通过引发重复需求可以促使经销商进货，但这种做法成本会非常高。一支销售队伍通常也很难覆盖全国，仅仅靠广告就让经销商销售一种不为人了解的产品，这不是件容易的事。经销商们见过太多徒劳的努力，太多未兑现的承诺。

我们无法在此讨论建立销售渠道的所有方案。根据企业情况的不同，可采用的方法有很多。一些企业可以先采用邮购的直销方式，直到市场需求的规模达到可促使经销商供货的程度。一些企业则可通过派发试用品或给予其他好处，与潜在顾客建立关系，然后把他们介绍到某家有存货的经销商那里。

在承诺销售保底的情况下，有些著名制造商能让一大部分经销商预先进他们的货。有些广告主把商品承包给渠道商，方便经销商随时进货。还有些广告主在他们的广告中指定专门的经销商，直至其他经销商都进了他们的货。

在这个领域存在无数的问题，成功的方法也有很多。但是它们中的大多数只适用于少数产品，不值得我们用这样一本书来讨论。我们将在这里讨论诉求面广且可持续销售的产品，如食品或专有产品。

杂志广告最适合这些产品，但我们通常先从地方性广告入手。我们一个城镇一个城镇地建立销售渠道，然后再开始做全国性广告。

我们有时会在广告中列出产品经销商的名字。若其他经销商也进了货，我们就把他们的名字也加上。在投放地方性广告时，如果我们指定了某些经销商，那么其他经销商也会想办法加入。这样，通过在最初的几期广告上发布经销商的名字，我们往往可以争取到大多数其他经销商的加入。

无论你提到的经销商有多少，只要这条广告成功，其他经销商也会在很短的时间里进货。到那时，所有的经销商便都会销售你的产品。

前文谈到的试用品派发方案有助于快速建立分销渠道。通常试用品能发挥这个作用，就已经值回在它上面的投资了。

如果在当地派发试用品，那优惠券上就应该提到当地商店的名字。这样，那些前去领取试用品的潜在顾客便可以知道，如果在附近的经销商那里买不到产品，还能在哪些商店购买，这样就不会有顾客流失。

如果广告主收到了索取试用品的信息，就可以把有索取要求的顾客名录转给某一个经销商。等经销商那里慢慢积累起大量的需求，他们就不得不进货了。

有时我们会向大多数商店提供试用品，但同时要求这个商店订购一定数量的产品。例如，订购一打产品附送一打试用品。然后，我们把所有供货的商店都介绍给索取试用品的顾客，这样很快就可以形成广泛的经销网络。经销商不愿意看到他们的顾客去找竞争对手，哪怕只是为了要一份试用品。

当一份优惠券可以在任何商店里换取一份正品包装的试用品时，建立经销网络的问题就变得简单了。把包含优惠券的广告清样寄给经销商作为一种凭证，向每一个经销商指出，他的很多顾客肯定会使用这种优惠券。每份优惠券都意味着一笔现金买卖，能实现全部的利润。头脑正常的经销商是不会让这些持优惠券的顾客绕过他们去找别人的。

这种提供免费赠品的做法在绝大多数时候都能确保获益，

是一种成本最低的建立广泛经销网络的方法。

有些成功的广告主把这种方法推向全国。他们把优惠券广告夹在杂志里，每张优惠券可以在任何商店里换取一份正品包装的产品。广告主会预先将广告清样寄给经销商，还会附上一份将要刊登该广告的杂志的名单以及它们的发行量。

通过这种方法，制造商用一个星期就可以建成一个相当规模的全国性销售网络，而只要这条优惠券广告一面世，就大功告成了。免费赠品又一次证明，它的成本与建立销售网络的其他方法相比要低得多，而且一开始就能使成千上万的顾客成为产品的用户。棕榈橄榄香皂和膨化谷物就是靠这种方法建立起销售网络的。

区域性报纸有一半会向外地发行，如果你只在当地的商店提供试用品，那另一半报纸的广告可能就被浪费了。在你的广告里写上："外地读者可以写信向厂家索取一份试用品。"他们写信来的时候，不要把试用品直接寄送给他们，而应寄给当地的一家商店，让索取的人到那家商店去取。如果直接把试用品寄给顾客，就算顾客未来想使用你的产品，也不知道去哪里买。但是如果有一家商店提供试用品，那将来也就有可能满足顾客的需求。

通过这种做法，很多广告主没雇一个推销员就很快在全国建立起了销售网络，而且成本比其他做法低得多。

有些广告主在开始的时候，会给每个经销商送一些产品作为礼物。这样做也许比丧失已经拥有的顾客好一些，但是成本十分高昂。那些免费赠品的成本需要通过广告增加销售赚回来，如果把它们的成本计入你的营销成本，那你会发现你为赢得经销商支付的成本太高了。推销员完全可以把这一小批货以更低的成本推销出去，而且别的方法可能会更加便宜。

把产品直接寄送给经销商的做法并没得到广泛认同，很多经销商对此很反感，而且回款不太容易。任何不符合商业惯例的做法都不受经销商的欢迎。

对很多适用这种方法的产品来说，这里倡导的方法是目前为止最好的方法。其他的产品需要使用不同的方案，限于本书篇幅，就不在此展开讨论了。

但是，在销售渠道建立起来之前，不要打广告。同时，不要用太昂贵、太缓慢或太陈旧的方法建立销售网络。错失良机可能会使你在销售上损失惨重，而且它会让你雄心勃勃的竞争对手抢占先机。

去找那些拥有丰富经验的广告人，去找知道哪种营销方法最适合你的产品的广告人，然后向他们取经！

试点推广，让消费者说话

通过试点推广，几乎所有的问题都可以得到解答，而且实惠、迅速、准确。这也是解决问题应有的方式，而不是围在桌子边争论。要把你的产品交给最终的评判者——产品的购买者。

每一个新项目都会碰到如何把产品卖出去并获得利润的问题。你和你的朋友们可能会喜欢这个产品，可大众不一定喜欢。有的竞争产品可能更受欢迎、更便宜，这些产品或许已经牢牢地确立了自己的市场地位，要把顾客争取过来可能要耗费大量成本，你未必承担得起。

人们也可能会买你的产品，但不会重复购买。也许是这个产品太耐用，也许是它只对少数人有吸引力，所以你的大部分广告都浪费了。

做广告会遇到很多让人惊奇的事。一条让你嘲笑的广告也许会取得巨大的成功，而你十分看好的广告也许会一败涂地。所有这些都是因为喜好不同。我们谁也不可能完全了解不同消费者的需求，因而也就难以提炼出普适的卖点。

以前，广告主们凭一己之见做决策，少数人能“蒙”中市场需求，但大多数人都失败了。那是广告业灾难频生的时期，在大势转变之前，就连那些侥幸成功的广告主也都快江郎才尽了。他们不知道每赢得一个顾客的成本是多少，也不了解顾客的人均消费额。销售成本可能要用很长的时间才能收回，而很多时候可能永远也收不回来。

现在我们通过考察几千人的偏好来猜测几百万人会怎么做。我们做一个小小的测试，然后分析成本和销量：如果我们了解了获得 1000 个顾客的成本是多少，那我们基本上也就可以精确地知道获得 100 万个顾客的成本是多少；如果我们知道这 1000 个顾客能接受什么，那我们也就知道了 100 万个顾客能接受什么。

我们在试点范围内建立起了具有普适性的评价指标，这些指标一般都能够成立。我们知道我们的成本，知道我们的销售额，知道我们的盈亏状况，知道要多久才能收回成本。在推广活动全面铺开之前，我们通过试点证明我们的举措绝对有效。所以在今天，由那些了解实际情况的广告人操盘的广告项目，不会发生广告灾难。

也许我们会在四五个城市进行试点推广。我们可能采用提供试用品或免费赠品的方法，促使消费者尽快开始使用产品。通过这种方法，我们可以掌握让一个顾客试用这种产品需要的成本，然后我们看用户是否会购买这种产品。如果他们买了，那他们会持续购买吗？他们会买多少？我们需要多久才能收回销售成本？

做一次这样的试点推广，可能要花上3000～5000美元，但就算最后证明这种产品不受欢迎，那这些钱也不会全部损失掉。推广活动毕竟总会带来一些销量，基本上每一件试用品最终都能收回全部成本。

有时我们会发现，在许多应付款支付之前，我们在广告上投入的成本就已经赚回来了。这就意味着这种产品不需要追加投资就可以进行广告推广活动。很多优秀的广告主就是在未追加任何成本的情况下发展壮大起来的，这是一种理想的状态。

另一种产品可能要花上3个月的时间才能收回试点推广的成本，获得利润，但那个时候广告主对自己的利润已经有了把握。在全面展开推广活动之前，他必须做好相应的财务准备。

想一想这意味着什么。有一个人，他自认为有了不错的广告机会，可是全国性广告摊子太大，代价非常高昂，他不敢冒险。

于是他在一两个普通城市发布广告，这需要的成本非常有限，几乎不会有风险。从几千个人对产品的反馈中，他可以了解到几百万人会是什么样的反应，然后他可以采取相应的措施。如果以后他要进行大规模的推广活动，那他就会清楚效果将是怎样的。

他很有把握做到百发百中，如果这个产品成功，那他便可以获得上百万美元的收益；就算他真的估计错误，那损失也微不足道。

这是我们想要加以强调和展开讨论的事实，我们所有的大客户都是这样从小企业发展起来的。一旦经销商意识到了某个商业机会，成百上千的人就会加入其中，只不过现在无数的淘金者尚在冬眠中。

当今世界上最大的广告主就是这样靠开展新的商业项目建立起了自己的事业。他们发掘出了一个又一个成功的产品，现在他们有 26 个产品，每年的利润加起来高达几百万美元。

这些试点推广活动也有其他目的，它们可以解决营销中出现的很多问题。

一家大型食品公司的广告主觉得，产品如果换一种包装也许会更受欢迎。他和他的智囊团对此都充满了信心。正当他们准备不征求消费者的意见就按照自己的猜想行动时，更明智的意见占了上风。

最终，他们在一些城镇里发布了带有优惠券的广告，持优惠券可以在所有销售该产品的商店领取一包新包装的产品。然后他们就此事写信向顾客征求意见，顾客几乎众口一词表示不喜欢新包装。

后来，又有人建议对这种产品做一点改动。从前一次的失败经验来看，这次的改变似乎也前途莫测。那个广告主甚至觉得试点推广的意义也不大，但他还是用类似的方法把问题交给了几千名顾客，结果 91% 的顾客投了赞成票。现在，他有了一款独一无二的产品，可以保证他的销售额大幅度增加。

这些试点推广每次花费不过约 1000 美元。第一次测试使这位广告主避免了一个代价高昂的错误，第二次测试则给他带来了丰厚的利润。

我们还可以在已经成功的广告上，通过试点推广尝试新的广告方法。这样我们可以不断寻找更好的营销方法，而不会影响已经取得成功的方案。

我们曾经在 5 年的时间里，为一家食品公司的广告主测试了 50 多种不同的营销方案。每过一段时间我们的方案就能有所改进，广告的效果也总在不断提高。5 年后，我们找到了最好的方案，它使销售成本降低了75%。也就是说，它比我们以前用过的最好方案的效果还要好4倍。

邮购广告主也是这样做的——一个接一个地尝试新方案，不断降低成本。为什么大多数广告主都那么没有商业头脑，也不够细心谨慎呢？

除此之外，试点推广还有另外的作用。

有位广告主发布的广告一直反响平平。一位有经验的广告代理商觉得自己可以让广告创造出更大效益，但广告主却心存疑虑。他现在的销量还不错，也有与自己合作的广告公司，并且暂时还不希望结束合作关系，因此这位广告主倾向于维持原样。

其实这个问题可以通过试点推广的方式来解决。新的代理商可以在不影响整体广告活动的基础上，选取几个城市进行试点，然后把试点的结果与整个广告活动的结果加以比较，从而证明他的方案的出色之处。

这个行业很容易出现貌似真理的论点。人们一个接一个地跑到广告主那里，宣称自己具备出类拔萃的知识和能力。广告主很难对这些人进行判断，即使判断了也有可能出现错误。

现在，以很小的代价就可以获得确切的数据，来明确解决问题。广告主无须对代理商承诺任何东西，他只需像对待一个推销员那样，说：“出去试一个星期，证明给我看。”要是这种方法得以应用的话，某些广告代理商现有的大部分广告业务都会落入他人之手。

现在我们再回过头来说科学的广告。假设有个化学家武断地说，这种化合物最好，或者另一种更好，你可能听不进他的意见。于是他做了很多实验来证明某种化合物是最好的，有时甚至做了成百上千次实验。他在做出证明之前，绝不会做任何假设。什么时候广告主们才能把这种科学的方法应用到广告中呢？

不只要卖出产品，更要建立品牌

在大多数情况下，我们别指望得到渠道商或经销商的积极帮助。他们太忙，手头有太多的产品要考虑。处于推广阶段的产品，销售利润一般都不大，而且推广的产品也常降价出售。

一般经销商的行为方式和我们差不多。如果说注重品牌，那他也只注重自己的品牌，而不是别人的品牌。

经销商往往试图让广告主相信他会努力销售他们的产品，他会要求额外的补贴或价格上的让步。广告主常常会提供额外的折扣或在货物数量上给予优惠，比如买十送一。他们相信，多给经销商一些免费产品可以让他们更卖力地销售。

对少数产品来说，这样做可能是有效的，但并不适用于大多数产品。即便经销商更卖力地销售，也不会增加产品的销售总量，因为他们的努力不过是把产品从一家商店转到了另一家商店而已。

对大多数产品而言，如果经销商实现了销售，但消费者并没有认可品牌，那这种结果意义也不大。通过广告让品牌深入人心，才有可能带来忠实的顾客。人们如果只是因为偶然的建议购买了某种产品，那他们并不一定会坚持下去，因为下一次他们可能还会得到一些别的建议。

广告主本来可以得到的销售收入经常会被拱手让给别人，导致他得不到相应的回报。如果把那些折扣或赠品用来争取新顾客，那效果会好得多。

免费赠品的成本通常应该靠你自己的营销努力去挣回来。“买十送一”意味着这条广告要多卖出去10%的产品才能取得同样的回报。如果你不提供优惠，而让经销商自行决定订货量，那很有可能他也会订购同样的数量。

经销商还会提供其他形式的销售协助，很多钱就是以这种名义被一点点地消耗掉的，比如在橱窗或店内展示产品，橱窗展示发挥着提示作用，可以带给经销商更大的市场份额，但这一点儿也不会增加你的销售总额。

这些都是需要了解的情况。在一个城市里测试一种营销方法，在另一个城市里测试另一种，然后比较这些城市的销量情况。在很多产品上，类似测试都会表明，昂贵的展示毫无价值。越来越多有经验的广告主不再在陈列上花钱。

这些一般都是爱搞大面积宣传的产品才用的营销方法，以前很流行，但这无异于把面包扔进水里还希望它能自己漂回来。不过几十年前的大多数广告都是这样的。

现在我们靠测试广告做决定，我们可以对各种支出的投入产出情况进行比较，这很容易做到。通过这种现代化的方法，我们可以避免很多代价高昂的错误。

科学的广告已经改变了很多旧的方法和观念，它证明有些历史悠久的方法其实很愚蠢。我们有一些衡量其他销售形式的评价指标，为什么不能把它们应用到这些事情上，或者应用到评估产品的生产成本上呢?

广告的目的就是要在盈利的基础上获得新顾客，你根本不必把产品都集中在某一家特定的商店里。要了解争取一名顾客所要付出的成本和他们的购买需求。如果你每争取一名顾客要花 1 美元，那你每浪费 1 美元就等于损失了一名潜在顾客。

你的业务应该通过这种方式逐渐拓展，而不是依靠经销商的帮助。你应该自己努力营销，促成自己的成功。只要经销商按时按量订购你的产品，你就应该感到满意。不浪费每一分钱，把钱都花在最需要的地方。

打造个性化 IP

一个人要想给别人留下深刻印象，就得想办法从众人中脱颖而出，而且是用一种令人愉悦的方式。举止怪异、不同寻常，并不会得到大多数人的欣赏。但是，用不同的方式做让人佩服的事会让你获得很大的优势。

销售人员也是如此，无论他是做面对面的推销还是平面广告。有些推销员所具有的独特个性很让人讨厌，有些则充满朝气，非常积极，受人欢迎，让人印象深刻。具有后者性格的推销员是很幸运的。

我们试图为每一个广告主营造一种得体的风格。我们要让他与众不同，而且这种不同不是外表上的，而是态度与格调上的。我们赋予他一种最契合产品受众的个性。

有的产品注重淳厚和诚实的品质，广告主就应该显示他的这一个性。如果某个产品的顾客是根据个人偏好来做决定的，那这个广告主就应该做一个好好先生。而某些产品的广告主，可能需要让人觉得有权威，他的产品才会脱颖而出。

我们谈到过一个案例，一名妇女靠向女孩子们推销服装取得了巨大的成功，她就是靠表现出一种受欢迎的个性做到的。

因此，我们有时会在广告上签名，为的就是让广告有个性，让广告有一些个人的影响力，让广告看起来像是某个对自己的成就感到十分骄傲的人在发言，而不是一个“没有灵魂的大机构”在说话。只要有可能，我们就在广告中介绍一个人物，然后尽力让这个人出名。一旦他出名了，产品也会随之出名。当产品有了改良的时候，在广告中介绍改良者，会加强宣传效果。

接下来，对于已经被证明有吸引力的人物形象，我们要小心翼翼地维护，不要改变它。在为产品撰写新的广告文案之前，广告创意人必须深入了解为广告主预设的个性及其精神内涵，因为广告主要像一个演员一样在广告中扮演这个角色。

在成功的广告基础上保持自己的格调，永不改变，这也是一件非常难的事。能赢得一部分人喜爱的广告形象很可能也是赢得更多人喜爱的最好的广告形象。随着人们对我们了解的加深，我们也要不断让已经为大众所熟识的广告形象更深入人心，而不是再在广告中推出一个新的人物形象：人们并不仅仅是靠人物的名字来认识我们的，还要看人物的外在和特性。如果我们每一次向顾客呈现的形象都大相径庭，那他们就永远不会信赖我们。

我们不希望顾客认为我们的推销工作就是为了让他们买产品，不希望他们认为我们的广告卖点都是人为制造出来的，是经过精心策划的，是虚伪的。诉求必须是发自内心的，而且总是出自同一颗心，除非是以往犯的错误需要一个全新的改变。

有个性的广告可以像有个性的人一样，让别人喜欢。有些广告我们很愿意看，有些则让我们感到乏味无趣；有些让我们为之一振，有些则普普通通；有些给我们信心，有些只能让我们变得更谨慎小心。

创造出正确的广告形象是一项极为了不起的成就，这样广告主在某一行业中日益增长的名声就可以为他带来更高的声望。永远不要对“人设”感到厌倦。记住，我们性格上的每一个变化都会让我们的好朋友重新认识我们一遍。

广告应呈现大家希望成为的样子

任何时候，攻击竞争对手都不是一种好的广告方式。不要指责别人的不足之处，知名的媒体也会禁止这样做广告。攻击绝不是好策略，它自私自利的目的太明显了，不仅不公平，也不符合竞争精神。如果你讨厌吹毛求疵的人，那你自己就要表现得宽厚一些。

广告要展示事物光明、快乐且有吸引力的一面，而不是阴暗、冷漠的一面；要展示美丽，而不是平庸；展示健康，而不是病态；要展示一张没有皱纹的脸，而不是展示你建议大家去除的皱纹，毕竟你的顾客对皱纹已经很了解了。

在为牙膏做广告时，要展现整齐漂亮的牙齿，而不是坏的、不好看的牙齿；要展现改善后的状况，而不是现有的问题。在为服装做广告的时候，要表现穿着漂亮的人，而不是衣着寒酸的人；在为商业课程做广告的时候，要展示成功人士，而不是事业不顺利的人。广告要呈现的是大家希望成为的样子，而不是目前的样子。

我们被阳光、美丽、欢乐、健康、成功吸引，所以，要把通向这些事物的道路指给人们，而不是指出相反的道路。

广告中要展现被羡慕的人，而不是羡慕别人的人；广告要告诉人们应该怎样做，而不是要避免做什么。让每一条广告都散发欢乐的气息，回避悲伤阴郁的东西。

要假设人们会按照你所说的去做，要对他们说“现在就写信索要试用品”，不要说“你为什么会忽略这么好的东西”，这样好像在说人们很粗心，都没有注意到你的广告。广告要让他们跟随潮流行动。

比较一下两个不同广告的结果：一个是否定式的，另一个是肯定式的；一个表现阴暗的一面，另一个表现光明的一面；一个是劝诫型的，另一个是鼓励型的。对比结果会令你感到惊奇。如果你有和我们一样的经验，那你会看到肯定式广告的效果是否定式广告的 4 倍。

采取“使用前和使用后”的比较方式做广告，这是过去的笨办法。这样的广告方式除了展示矛盾，没有更多意义，不要受人们现有状况的影响而展示事物阴暗抑郁的一面。

标题怎样才能促使人们立即下单

撰写商业信函是我们所有人都应考虑的另一种广告方法，在几乎所有的广告活动中都需要或者应该有这种广告方式。每个生意人都会收到大量推销信函，他们会把其中大多数都直接扔进废纸篓，只认真阅读部分信函并根据内容采取行动，还会把一些保存备案。

认真分析一下这些信函，你会发现，你采取行动或者保存下来的信函，都有让你感兴趣的标题。只需一眼，你就会发现它们提供了一些你想要的东西，一些你希望了解更多的东西。

在创作所有广告时，我们都要记住这一点。

设想有一名主顾，他每年大约要花 5000 万美元。到他手中的每一封商业信函和每一份刊物，都会得到相应的处理，因为他希望得到他想要购买的产品的一切信息。

我们曾经常观察他，发现短短一分钟，他就把一大把信函扔到了废纸篓里，只把一封留在了手边，那是急待处理的。还有一封则被他归入了“清漆”这一档，后来他想购买清漆时，就把那封信函找了出来。

这名主顾通过这些信函成功完成了很多采购工作。他做出的购买决定是依据获得的产品信息完成的，而实际上绝大部分信函他只是扫了一眼标题。

这一原则适用于所有的广告。很多信函撰写人过于自信，就像广告主一样，导致他们常常忽视这一原则。最终，他们的信函无法引起顾客的重视，也无法给顾客提供他们想知道的信息。

有一份杂志每年要寄出几百万份商业信函，其中有些是为了吸引用户订阅广告，有些是为了推销书籍。在寄出500万封信函之前，杂志出版商会先发几千封信函做个测试。他可能会先试25种信函，每一种寄给1000名潜在顾客，他可以由此得知获得相应回报的成本。如果无利可图，那这个方案就会被放弃。反之，带来最好回报的那份信函则会被采用。

这就和现在的广告人根据科学的原则做广告是一样的逻辑。

邮购广告主也在做类似的事，他们按照这种原则，用同样的方法测试自己的广告，同样也测试自己的直邮信函。在选用通用信函之前，一定要先进行大量的测试验证，证明它是同类信函中收益最好的，然后再采用。

撰写商业信函与做广告的很多原则都是相通的。无论是寄给询问产品信息的顾客的信函，还是跟进顾客的服务信函，都应该经过测试。如果没有条件进行测试，那也应该根据以往测试得出的信息来撰写信函。

我们发现，像广告有差异一样，推销信函也有差异。有些推销信函能引导顾客采取行动，有些则不能；有些可以实现销售，有些却破坏了产品本来给人的好印象。那些寄给已经动心的顾客的信函，尤其重要。

一般经验表明，一封 2 美分的推销信并不会比一封 1 美分的信函引起更多的注意，用精美的信纸并不会比用较差的信纸更有效。所有的说服力都蕴涵在信函的内容之中。

有人发现，有时精美的信纸和印刷品反而会削弱效果，它们让人感觉你是在靠产品质量以外的东西推销产品。无论是做广告，还是写推销信函，这样做效果都不好。

一封写给想要询问产品信息的人的信函，就像一个正要去拜访对产品已经有兴趣的潜在顾客的推销员一样。你知道是什么激起了顾客的兴趣，因此，你就应该继续采用同样的方法，不断深化顾客已有的对产品的印象，不要半路改用其他方法，不要仅凭猜测就另辟蹊径，让顾客对产品产生不同的印象。

推销信函与广告一样，最重要的是让诉求对象立即行动起来。人们生来就喜欢拖拖拉拉，经常拖延，而拖延最后会导致忘记。

要采取一切可能的做法让顾客立即行动。要让他们尝到甜头，给他们提供一些优惠，或者告诉他们拖延会导致优惠条件失效。注意，很多成功的推销信函会给自己的优惠活动设置时间限制，比如限定在某个日期之前使用。之所以这样做，都是为了促使顾客尽快采取行动，防止他们拖延。

有名邮购广告主向顾客免费提供产品目录，而每个索取产品目录的顾客可能手中都有三四本类似的产品目录。这名广告主要想销售出自己的产品，就要面临竞争，而且要在竞争中胜出。

于是，他在寄出自己的产品目录时便加上了一封推销信函，还附上了他个人的名片。他在信中写道：“您是我们的新用户，为了表示对您的诚挚欢迎，请您在订购商品时，附上这张名片。我希望您收到订货时，也能收到我们送您的礼物。您肯定会喜欢这份礼物的。”

对老客户，他也有其他的理由送出礼物。这些礼物会引发好奇心，使他的产品目录得到更多顾客的偏爱。除非有迫不得已的不得不订购别家产品的理由，否则顾客都会把订单给他。这份礼物会为每份产品目录中的产品带来大量的销量，其利润足以超出礼物成本的好几倍。

促使顾客行动起来的方法有很多种，不同的产品适用的方法不尽相同，但原则是一致的：要趁热打铁。如果你能做到，就要让顾客当即做出决定，并让这个决定迅速实施。

你完全有能力承担促使顾客立即采取行动的成本，而不必坐失良机。曾经有一位广告主承诺，凡在限定的一个星期内购买 6 件产品，并寄回产品商标者，均可获赠一份精美礼品，通过这样的方法，他吸引了几十万名顾客参与购买。

给产品起个好名字

如果产品名称本身能说清一件事，那这个名称就具有很大优势。在广告中，产品名称一般都会被放在很显眼的地方。根据所占篇幅，它应该对广告起到很大的辅助作用。有些产品名称自身几乎就是一条完整的广告，五月气息就是这样一个名称，麦乳也是一个范例。这种产品名称本身就是一笔财富。与此类似的还有荷兰清洗剂、科蒂库瑞、亮光油、速食木薯粉、三合一润肤油、补漏剂、外用酒精等。

这类名称会受到保护，而且它们自身足以描述产品，所以让其在广告中占据显眼的位置就很有价值。

另外一些著名的产品名称却没有什么实际含义，如柯达、卡罗、马自达、萨波里奥、凡士林、高洁丝、力士、波斯塔姆等，但它们也可以受到保护，并且通过长期不断的广告宣传，这些名称也就产生了某种意义。到了这一步，它们就变得非常有价值了，不过在这类名称中，能取得这种地位的少之又少。

这类产品名称对广告本身并没有帮助，也会令人怀疑它们是否适合在广告中占据显眼的位置。这时，产品的功用而不是名称，才是广告的重点要素。展示没有销售功能的产品名称和图片，可以说是在浪费大量版面，现代广告的趋势就是要消除这种浪费。

还有一些著名的名称含有一些别人也可以采用的诉求要素，比如无花果糖浆、椰油香波、焦油肥皂、棕榈橄榄香皂等。

如果价格合理，这类产品也许可以支配市场，但是在某种程度上，它们必须能面对竞争，因为它们会引来很多替代产品，毕竟其他产品也可能有类似成分，人们自然会将这些产品归为一类，因此它们的价格也必须符合同类产品的定价标准。

“烤玉米片”和“麦乳精”都是不走运的产品名称。在这两个案例里，两个广告主创造出了一种新的市场需求。但需求产生后，其他广告主也分享了这个市场，因为这个产品名称人人可用。最终，当初起名字的原创者所剩的优势只有品牌了。要是打赌设注，猜猜一个精心铸就的品牌本来应当能带来多少利润，那一定是件很有趣的事。

对于专利产品，你应该记住，一个名称的所有权会随着专利的失效而消失。像卡斯托里阿、阿司匹林、麦丝卷这样的名称，现在都成了诸多生产商共享的财富。

这是一个值得认真考虑的问题，它常使专利名称陷于尴尬境地，也使申请了专利的产品没有得到很好的保护。

生造品牌名称还有另一个严重缺点就是会流于轻浮。广告主们本想追求独一无二，却选择了不庄重的产品名称。对于一个重要的产品来说，这是致命的缺陷，这样做很容易让顾客轻视。

如果产品只能用一个通俗的名称，那最好、最有益的莫过于某个人的名字了，这比一个生造的名字要好得多。因为，它表明产品背后的人对自己的产品非常自豪。

由此我们可以说，名称非常重要，它可以为开拓新的业务打下基础。有些产品名称是其成功的主要因素，而有些产品名称则使其丧失了最初占有的五分之四的市场份额。

要追踪广告效果

我童年的住处旁有一条湍急的小河，河水推动一架木水车，带动了小溪旁的一个磨坊。在这种原始的操作方式中，水能除了一小部分被利用之外，其他的都被浪费了。

后来，有人用现代技术开发并利用了那条河的水能，他们在河上安置了涡轮机和发电机。现在，同样的水流，同样的水能，却维持着一个大型加工厂的运转。

当我看到被浪费的广告资源时，我就想起了那条河。这样的例子随处可见，可以说成百上千。在百万级发行量的报刊上刊登毫无效果的广告，就像小溪只被用来推动一个磨坊一样，而别人用同样的能量却收获了数倍的效益。

我们看到无数的广告年复一年地发布，而我们知道，它们根本带不来利润。有的人花 5 美元去做花 1 美元就能做成的事，有的人只收回了投入的30%，而实际上他们本来可以收回投入的150%。这是事实，而且很容易就能证实。

我们看到过很多华而不实、自吹自擂、游戏娱乐的浪费版面的广告内容，尽管版面价格昂贵，可这些广告却充斥着空洞的内容。如果让一名推销员来使用这些版面，那他肯定可以发挥出他的才智，但是这些广告却总是无的放矢，广告主也没有追踪过其收益。广告费盲目地花了出去，只不过是满足了某些人突如其来的点子。

不只是那些刚出道的广告主会这样，很多老广告主对自己的广告效果也不太了解。公司业务是在很多因素的共同作用下不断增长的，广告只是其中的一个因素。

有一名经营多年的广告主，他一年的广告支出多达70万美元，他曾对我说，他不知道他的广告是否真的值那么多的钱。有时候他甚至想，即使不花那些钱，他的业务也可以做到同样规模。

我回答说："我确实知道，您的广告非常不赚钱，我可以用一个星期的时间向您证明这一点。如果不信，您就在某条广告的结尾说，谁能向您写信说他看过那条广告，您就给他5美元。回应之少肯定会让您大吃一惊。"

想想看，这是多么可怕的一件事，几百万美元花出去了，却不知道它的结果如何。如果一个广告主在公司业务的其他方面也这么做，那他很快就会破产。

还有一些广告，你可能也未必喜欢。它们看上去滔滔不绝，铺天盖地，但没有任何吸引力，因为读者想读的是让人佩服的东西，让人感到愉快的东西。但是你将发现，这些广告都是有追踪编码的，广告主知道它们会有所回报。也许，在所有经过追踪比较的广告中，你看到的那条是收益最高的。

许多现在没有追踪编码的广告，在一开始的时候就曾经追踪过收益。这些广告是建立在已知的统计数据之上的，在进行大规模推广之前，它们已经在较小范围内取得了成功。这些广告主最充分地利用了他们所拥有的资源。

花钱做广告的人相信广告会带来收益，他看到的层出不穷的广告便是一目了然的证据。既然广告为别人带来了巨大的成功，也一定能为自己带来好的收益。所以他就如法炮制，把广告当作某种“灵丹妙药”。如果生意兴隆了，那就是广告的功劳；如果失败了，那就怪运气不好。

这似乎很难让人相信。就算是一个只刊发一条20美元广告的小店主，也会知道他自己的广告是否会成功。大商店的每一种产品的广告费用都会从销售收入中扣除，广告所占用的每一寸版面都必须在第二天证明自己物有所值。

但是，很多全国性广告都是在毫无成本评估的状况下就开始刊发的，广告主只不过是一厢情愿地认为可以从中得到回报。其实，一个小小的测试就可以找出取得成倍收益的方法。

上述那些做法，虽然仍很普遍，但也快要走到末路了。采用这些方法的广告人已经看见了大难临头的征兆。用不了多久，广告主们就会知道他们在广告上的投资将会得到什么回报。优秀的经营方法和效率也将被应用在对广告的评估上，广告人和广告方法将由已知的广告收益来衡量，只有能力强的人才能在这个行业生存，否则终将被淘汰。

就在一个小时之前，一名老广告人对我说："我们那个时代已经结束了，胡编乱造已经失去作用，花言巧语正在被事实性的描述代替。这种趋势简直让我发抖。"

很多人都会发抖。如今，无数的广告正按照科学的原则在运作，而且这些广告的成功已经让科学的方法和原则成为常识。按其他原则运作广告的广告主，则会对广告效果不甚满意。

能够面对并经受住考验的人欢迎这种变革趋势。看到广告可以做到既安全又有保障，广告客户的数量就会成倍地增长。原来靠猜测只敢投一小笔钱的广告主，也会在有把握的情况下投入大笔的广告费用。当冒险因素被排除之后，广告行业会越来越精细，越来越明晰。如果别人根据专业能力来评价我们，那我们会为此感到骄傲。

我的广告生涯

克劳德·霍普金斯

早年的影响

影响我一生的最重大的事件发生在我出生的前一年——父亲给我找了个苏格兰母亲。她身上拥有很多苏格兰人的特点：勤俭、谨慎、有智慧、雄心勃勃且活力充沛。人们常说，男孩子比较像母亲。显然，我就是从母亲那里继承了保守谨慎的品质。与其他因素相比，不够保守谨慎更常是广告人和企业家失败的原因。

这个观点，我会在本书中反复强调。在这里提到，只是为了向我个性中保守谨慎的来源致敬。“安全第一”一向是我的行事指南。拥有一个苏格兰母亲，是任何一个想在广告这一行大展宏图的男孩的最大资产，因为勤俭与谨慎已经渗透到了他的血液中。这些品质是成功的根本，除非有意外情况，否则这些都是成功必不可少的品质。不过，即使欠缺这两者，仍可经由不懈的努力加以弥补。

在我看来，事业失败大多是因为企图心过高，做事太急于求成；或是时机未成熟就盲目投机；或是仓促行事，反而嘲笑他人太谨慎；又或是因为害怕对手比自己跑得快、爬得高而急急涉足未经调研的领域。

凡事都有例外，但独广告无。**所有广告史上的灾难，皆源于既不必要也不可原谅的轻率行事**。在这里我指的不是广告推广上的失败。就广告这一行来说，我们总在做一些力所能及的事情，因为我们是在和人性——有需求、有偏见、有癖好的人性打交道，这些是我们无法精准把握和衡量的。在大多数情况下，再多的经验都无法正确引导我们。这也就是为什么鲁莽行事在广告上就是一种灾难，因为每一项广告投资的结果都不可预知。

可是一般的失败算不得什么，这些失败本就可以预料到。所有广告在最初推出的阶段，都只是为了探寻受众的反应。如果人们没反应，那么往往是因为产品出了问题，或是环境的变化超出了人力所能控制的范围。在正确执行的广告活动中，损失即便是有，也总还是有限的。期望和创意未能迅速落地开花，实在是太常见的事情了。

我所要谈的是灾难性惨败，是广告期望的全盘落空。我说的是那些让昂贵大船驶向暗礁的广告人，这样的人很少能在经历挫折后重整旗鼓，领航员一旦被证明是轻率的，大家就都会对他敬而远之。我见过很多这一行里原来大有希望的人，就因为他们冒险在未知海域中满帆前行，最终导致船撞毁了。到现在为止，我不记得他们当中有谁能够在这一行里重新站起来，而我的苏格兰血统使我在这35年的广告生涯中免遭这种灾难。

母亲的影响，让我觉得一美分对我来说与一美元一样重要。我不仅对自己的钱如此，对别人的也一样。我花钱极为小心，不管是自己的钱，还是别人委托我打理的钱。我从不打赌，不管是代表自己还是别人。所以，尽管我犯过错，而且次数还相当多，但没有人真正责怪我。虽然有不可避免的灾难发生，却没人对我产生不信任感。我失败时，顶多损失极少数的金钱，而客户对我的信任却毫发无损；我成功时，往往能为客户带来数百万美元的财富，为自己赢得巨大声誉。这在很大程度上归功于我的母亲。

我要归功于她的事情还有很多。她教给我勤勉，我几乎想不出，无论是白天还是黑夜，母亲有哪一个小时没在工作。她大学毕业，聪颖过人，父亲去世后，她不得不靠教书来抚养我们。白天课余时间，她要做家务；在夜里，她还要替学校写幼教方面的书。放假期间，她要到各个学校去推销这些书。她一个人做了三四个人的工作，因此也拓展出了三四项事业。

在她的教导和鼓励下，我很小就开始像她那样勤奋工作。我 9 岁的时候便开始独立谋生了。其他孩子上学，把上学当成是一天的工作，而对于我来说，这不过是每天许多事情中的一件。上学前，我要为两间教室开门、生火、擦拭桌椅；放学后，我还要打扫这两间教室；晚饭前，我要给 65 家订户送去《底特律晚报》。

到了星期六，我又要为那两间教室做大扫除，还要发广告传单。到了星期天，我还要去教堂看门，从大清早一直忙到深夜 10 点。到了假期，我要到农场帮工，一天要工作 16 个小时。

有一次，医生说我病得很厉害，不能去上学，于是我便跑到雪松沼泽地去干活儿。在那里，我们凌晨 4 点半就开始工作。早餐前我们要挤牛奶、喂牛。6 点半的时候，带着午饭去沼泽地。一整天我们都在砍大树、削藤条。吃过晚饭，我们又要去挤牛奶，然后为牛铺上过夜的干草。直到晚上 9 点，我们才终于可以搭个梯子爬到小阁楼上床睡觉，可我从来没觉得自己是在辛苦地工作。

后来很多年，我都保持着这样的工作态度和方式。我没有工作时间的概念。如果哪天我在午夜前停止工作，那么那天对我来说就是节日。我经常在凌晨 2 点才离开办公室。星期天对我来说是最好的工作日，因为可以不受打扰。入行之后的16年里，我没有一个晚上或星期天不是在忙于工作。

我不是自吹自擂让大家学我的样子，我也不会建议我儿子像我这样工作。生命中有许多比成功更重要的事，凡事适可而止，可能会更快乐。但话说回来，比别人付出多一倍的努力，收获肯定也比别人多一倍，在广告界尤其如此。

我们不得不承认这一点。人的脑力固然有区别，但更为重要的差异在于勤勉程度。在工作上，比别人多花两三倍的时间，自然就能比别人多学两三倍的东西。失败与成功的经历越多，收获也就越多。如果说我在广告这一行里比其他人水平更高、成就更大，那并不是因为我有超凡的能力，而是因为我花了更多的时间。也就是说，一个人牺牲了生命中所有其他的东西，换来职业生涯中的卓越成就。这也许意味着他应该值得同情，而非被羡慕。

我曾经在一次演讲中说过，算起来我应该在广告业里干了70年。虽然我的工作时间在日历上只是35年，但是如果以我的平均工作时间和完成的工作量来看，那我的一年就是别人的两年。勤俭和谨慎使我消灾避祸，而辛勤工作让我学会了做广告，并使我有了今天的成就。

从父亲那里我继承了贫穷，那是对我的另一种恩赐。父亲是牧师之子，他的先辈世代都是牧师，在贫困中繁衍生息，因此他对贫穷早已习以为常。

我自己也从贫困中收获了很多。贫困使我植根于普通老百姓之中，而上帝创造了这么多的普通老百姓。我天生就认识他们，了解他们的需求和愿望，理解他们的奋斗和精打细算，更懂得他们的淳朴厚重。这些我非常熟悉的普通人，就是我日后的顾客。当我跟他们说话的时候，无论是通过平面广告还是面对面地交流，他们都会认为我是他们中的一分子。

我确信我打动不了那些阔佬，因为我不了解他们。我从来不曾尝试向他们推销产品。我想如果我为劳斯莱斯轿车、蒂芙尼首饰、斯坦威钢琴做广告宣传，那我肯定会失败。我不了解有钱人的想法，但我非常了解普通老百姓。我喜欢和打工仔说话，研究那些经济条件不太好的家庭主妇，还能赢得贫苦孩子的信任，了解他们的梦想。如果让我推销他们想要的东西，那我一定可以拨动他们的心弦。我写的广告语用词浅显易懂，句子也很简短。学者们可以讥讽我的风格，阔佬们可以嘲笑我在广告中强调的卖点，但是成千上万住在陋室里的普通人会阅读它，购买它介绍的产品。他们会觉得写广告的人了解他们，而他们占了我们产品顾客总数的95%。

贫困教会了我如何进行推销。如果不是因为贫困，那我就不会成为挨家挨户上门兜售的小贩。正是这种经历，让我领悟到了人们花钱时显现出来的人性。街头推销是最好的学校。美国有一位非常出色的广告人，他每次创意平面广告之前，总要先面对面地向人家推销他的产品。我知道他常常花上几个星期的时间，从一个农场跑到另一个农场，去听取农夫们的意见；我也知道他曾按响几千个家庭的门铃，去了解主妇们的看法。

因为贫困，我没有机会上大学。我把同样的四年，花在获取实践经验上，而非学习空谈的理论。我不知道广告人能从大学里学到哪些有价值的东西，我只知道，他们从学校里学来的许多东西，将来都得努力地去"忘记"，然后他们才能开始从事实际的业务。在我看来，高等教育对于那些要把毕生精力用来和老百姓打交道的人来说，反而是一种障碍。

当然，在我上学的那个年代，还没有广告课程，也没有销售课程或新闻课程。我想，要是今天也没有这些课程或许会更好。实际上我读过这些课程的一些书，它们误人子弟，不切实际，令我愤怒。一次，一所非常有名的技术学校的人把他们学校的广告课本拿给我看，问我如何改进。我看后说："把这些东西统统烧掉，你们没有权利用这些垃圾去糟蹋年轻人大好的青春和宝贵的年华。如果有人花 4 年时间去学习这些理论，那他就得花 12 年的时间将它们忘掉。到那时，他就会远远落后于时代，并且永远也赶不上了。"

我觉得愤怒，我对这些课程印象很坏。我就这个问题和几百个人讨论过。我见过有人因为自己缺乏教育，就为受过教育的人戴上光环。我去过一些大学，到教室里听教授们上课。我是带着一种崇敬的心情去的，因为我自己就来自一个受过高等教育的家庭。我出生在校园，父母都是大学生，祖父还是一所大学的创办人之一，我的妹妹和女儿也都受过大学教育。但说到底，我依然认为，一个大学教授，一个生活在象牙塔里的人，怎么可能教好广告或任何实操性的业务呢？这些东西只能在商业实践这所大学里学到，别的地方是不可能学到的。

我尽量把话说得中肯些。我见过无数的大学毕业生在这一行做事。在我负责的一家广告代理公司里，我们雇有大学毕业生，有的甚至就在办公室里打杂。我的很多客户也用了同样的招聘政策，只雇用大学生。他们的想法是通过雇用那些受过正规教育的人，来弥补自己明显感觉到的在这方面的不足。不过在我的印象中，我记不起这些人当中有谁获得了重要的职位，反倒是那些把上大学的时间花在亲身实践中的人占有绝对优势。至少就广告业而言，任何人花一个星期和老百姓闲聊学到的东西，一定比花一年在我所知道的任何一间广告教室里学到的多。

威尔·卡尔顿对我有很大影响，因为他，我没有走上牧师的神职岗位。我本来注定要当牧师，这是我们家的传统，我的名字就选自美国牧师名人录。那时候，我的家庭对我将来要成为牧师从来不曾怀疑。

不过他们在这方面的灌输教育太过分了。我祖父是个浸信会教徒，母亲则是苏格兰长老会的信徒。他们俩联手对我进行思想灌输，让我觉得宗教十分压抑。星期天我要参加 5 次布道活动，晚上还要听沉闷的宗教训诫。聆训时为了让我保持清醒，他们会用手掐我。星期天是休息日，我哪里也不能去，除了《圣经》或《圣经词语索引》，我什么都不能读，我整天就是读《圣经》里的那些字词句来验证词语索引。除此之外，我还要读《天路历程》[①]，其实哪个男孩都不会对里面指引的任何旅程感兴趣。

在那个时代，似乎生活中的任何欢乐都是一种罪恶。我所受到的教导是，那些跳舞的人、玩牌的人，或是上戏园子的人，都是堕落的。而且，如果你读的书不是来自主日学校，那么你的未来必定很糟糕。

卡尔顿是我父亲的大学同学，他写过《爬过山岗到穷人家》和其他一些很有名的民谣。密歇根州为了纪念他，决定每年 10 月 23 日也就是他的生日这天在各个学校举办纪念活

---

① 《天路历程》是英国作家约翰·班扬的宗教寓言小说，叙述一个善良人一生所走过的圣洁道路。它被后人誉为“最有永恒意义的百科全书”，同时也是阅读人数仅次于《圣经》的基督教著作。

动。他是我少年时代的偶像。

那时候我还是个 9 岁或者 10 岁的孩子，卡尔顿到处巡回讲课。他每次到我们所在的城市，都会来我们家。他发现我们家那种极端的宗教气氛实在不利于孩子的成长。有一次，他在来访之后，根据自己的所见所闻写了一首歌，这首歌收录在他的《城市民谣》一书中，歌名是《他的心中再也容不下了》。歌曲讲述了一个年轻罪犯在入狱途中对警长说的故事，故事的内容是一个苏格兰长老会家庭的宗教狂热气氛，如何把一个压抑的年轻人逼上了犯罪道路。卡尔顿歌中那个宗教悲剧的受害者就是以我为原型创作的，他还送了一本《城市民谣》给我。

这首歌对我一生的影响，比我的整个家庭对我的教育都要大。我崇拜卡尔顿，希望长大以后像他一样成为名人。当然，他对我的家庭生活的看法深得我心。和那样一个人看法一致，使我变得更为坚定。从那以后，卡尔顿便成了我的指路明灯。他对宗教狂热主义的批判让我第一次认识到，原来生活还有另外一面。

我继续学做牧师，17 岁便当了传教士，18 岁就开始在芝加哥传道。但是，卡尔顿在我心里种下了自由的种子，使我最终不可能真正踏上宗教之路。

另外，还有一件事对我的影响也很大。有一次妹妹和我都生病了，母亲精心照料我们。在我们养病期间，她读了《汤姆叔叔的小屋》[①] 给我们听。没过多久，我就听说这出戏要来镇上演出，于是便想办法做了许多发传单的工作来赚取几张戏票。我费了好半天的口舌，才劝动母亲同意我们去看戏。

那时，离开演还有一个星期，日子拖着沉重的步伐慢慢地往前走。终于，重要的那一天到了。清晨 4 点我就爬了起来，可白天过得出奇地慢。到了晚上 7 点，我和妹妹实在等不及了，便扯着母亲和我们一起向镇上的大礼堂走去。

半路上我们碰到了长老会的牧师，他是一个已经忘却青春的老光棍儿。所有的孩子都本能地避开他，所以我感觉他的出现即将带来不幸。

他和我们打招呼，说道："你好，姊妹，你们出来散步吗？看见一个母亲和她的孩子这么亲密，真让我高兴。"

母亲回答说："是的，兄弟，我们出来走一走。可是不只如此，我觉得这件事必须告诉你。这两个孩子前阵子病了，他们养病的时候，我给他们读了《汤姆叔叔的小屋》，他们对书中的故事非常感兴趣。今天晚上剧团到镇上来演这出戏，

---

① 《汤姆叔叔的小屋》（*Uncle Tom's Cabin*），美国作家哈里特·比彻·斯托（斯托夫人）于 1852 年出版的一部反奴隶制长篇小说。这部小说中关于非裔美国人与美国奴隶制度的观点曾产生过意义深远的影响，并在某种程度上激化了导致美国内战的地区局部冲突。

我儿子干活儿挣了几张票。我同意带他们去看戏，这本书确实挺好的，我想这出戏应该也不会太差。”

老光棍儿牧师回答道：“这位姊妹，我明白你的意思，也理解你的想法，这本书确实很好。不过你要记住，总有一天你会无法照顾这些孩子。他们会受到这种让人堕落的戏园子的形形色色的诱惑，总想进去看的。一旦这种诱惑出现了，他们会怎么想？他们会说第一次看戏就是妈妈带我去的，这次也用不着犹豫。”

母亲回答说：“你说得对，我不应该给他们开这样的坏先例。”于是就转身把我们带回了家。从那时起，母亲在我心目中的形象就大失色彩，而且再也无法修复。

还有一个人在我成长的岁月中给了我极大的影响。他是铁路养护队的队长，每天挣 1.6 美元，手下还有几个工人，每人每天挣 1.25 美元。

长到六七岁时，我身边围绕的都是那些玩耍嬉闹的大学生。我对学习生活严谨的一面一无所知，却见识了各种各样的游戏。因此我相当确信：人生就是一场“游戏”。

是这个队长改变了我的这种看法。他和他手下的那些人有很大的不同，这一点我印象深刻。那些工人是不得已才工作的，他们能少干就少干。他们数着钟点干活儿，恨不得早早溜走。到了星期六晚上，他们会跑到城里去，把一个星期挣的钱全都挥霍掉。

那个队长却热爱工作，他总是说："弟兄们，今天我们多铺些枕木吧！让我们来把这些铁轨铺得漂漂亮亮的！"然后工人们就强打起精神来干活儿。工作对他们来说实在枯燥乏味，可这个队长干起活儿来却像玩游戏一样。

队长白天工作10个小时，晚上回家还要盖自己的房子，并在房子周围开辟了一个花园。他娶了全区最漂亮的姑娘，过着非常甜蜜的生活。后来，他还获得了一个更高的职位。那时，我就从他那里学到了很多东西。

"你看那些玩球的小孩，"有一次他说，"那就是我所说的奋斗。我在这里忙着盖我的屋顶，和时间赛跑。我知道在太阳落山前我必须铺完多少屋顶，达到自己的目标。这就是我认为的乐趣。

"瞧瞧那些正在聊天的人，谈铁路、议政治。其实对于铁路，他们就知道怎么开扳道车。他们以后也会这样，不会有多大出息。今晚他们虚度光阴的时候，你看我在做什么——我在修我家的门廊。以后我就可以舒舒服服地坐在那里，和漂亮的老婆谈情说爱，而他们只能老是坐在杂货店炉边的肥皂箱上。你说谁在工作？谁又在玩呢？

"他们把所有有用的事情都叫工作，没用的则叫玩。工作和玩其实一样辛苦，也一样可以是游戏。两者都像一场比赛，都有竞争对手。唯一的差别，就只是人们对待它们的态度不同而已。”

我从来没有忘记他的这些话，他对我的影响就像詹姆斯·卢西对库利奇的影响一样。我现在可以借用库利奇的一句话对他说：“没有你就没有我的今天。”

后来，我成为美国志愿者组织的督导，对那些在生活中挣扎沉浮的失意人有了更多的理解。我跑到施粥所、监狱或收容所里看望他们。他们最大的问题不是懒惰，而是太钟情于游戏。或者说，他们对游戏的理解有误。大多数人年轻时都整天忙忙碌碌的，只是一些人在忙于种粮食，另一些人在忙于投球；一些人在追逐订单，另一些人在追逐棒球；一些人的名字被永久地镌刻在了石碑上，另一些人的全垒打则只能用白粉笔记录。人与人之间的差别，就在于他们对生活乐趣的理解不同。

我后来培养出对工作的热爱，就像别人培养出对高尔夫球的热爱一样。我到现在仍然保持着对工作的热情。多少次我从桥牌赛、晚餐或舞会中告退，去办公室度过整个夜晚。我也会在乡下别墅里的周末宴会中偷偷开溜，享受在打字机前度过的几个小时。

所以说，对工作的热爱是可以发掘的，就如同对游戏的热爱一样。这两个名词其实可以互换，别人叫工作，我叫游戏，反之亦然。我们在做自己最喜欢做的事情时，总是做得最好。如果这件事是指打马球，那我们就可以打得最好。如果是指下象棋，或者是棒球跑垒这种事，那我们也可以干得最棒。总之，如果年轻人能够将他的职业生涯看作最引人入胜的游戏（本来也应该如此），那他就很了不起。运动员获得的掌声瞬间即逝，事业成功所获得的掌声则能令人一生欢欣鼓舞。

从广告和营销中学到的

父亲曾经在我们那个繁荣的城市里拥有一家报社。那里的人有的是钱，所以广告主们蜂拥而至。现在的人们看到那时候的广告，一定会发笑，就像嘲笑老式的裙撑裙子一样。

那时候的广告费大都是用物资支付的，我们家因此成了一个存放广告商品的仓库。记得有一段时间，我们家存了 6 架钢琴和 6 台缝纫机。

在父亲做广告的商品中，有一种叫作苦味醋的东西。后来我才知道它的来历。一个制醋的人用某种古怪的发酵方法让一桶醋变了味，从而制造出这种气味呛鼻的产品。那时候人们相信，最有效的药物必然令人毛骨悚然。我们有各种“人畜通用”的药油药膏，让人和动物闻了都抓狂。我们使用“蛇油”或者“臭鼬油”，想必也是因为它们的名字吓人。人们觉得，只有以毒攻毒，治疗才会有效。

所以，我们家有各种各样苦涩的东西，而苦味醋是其中最厉害的，因此也最受欢迎。父亲收下了好几十瓶这种难喝的东西，它们都是用来支付广告费的。人们到我们家来买钢琴、风琴、缝纫机还有其他东西，但就是不买药，因此我们存的苦味醋越来越多。

身为苏格兰后裔的母亲无法容忍浪费，她必须把这种“药”用掉。而我这个家里体弱多病的人，自然就成了“受害者”，每天早、中、晚要喝三次苦味醋。如果发明这种药的人现在还在世，那我可以替他证言，从那以后，我确实明显地健康起来了。

父亲的报社也印制传单。我经常研究这些传单，有时甚至帮忙制作。之后我就会跑到广告主那里，请他们给我一份派送传单的工作。城里有上千户人家，我的要价是每跑一家送一份传单要 2 美元，这就意味着我大约要跑 56 千米的路程。其他男孩做同样的工作只要价 1.5 美元，可他们会把几张传单塞进同一家，而且路远的地方他们根本就不去。我让那些广告主比较一下效果，不久，我便垄断了所有派送传单的生意。

那是我第一次追踪广告效果。它使我认识到：**永远要追求可知和可比较的结果，即对广告收效要做到心中有数，还要对广告收益进行分析比较**。从那时起，我便不断要求这两点，因为只有这样，才能凸显服务的优势，而盲目从事任何事都很愚蠢。

我10岁时，父亲去世，母亲成了寡妇。从那时起，我不但要自理生活，还要维持家计。为此我做过各种各样的工作，在这里我只记述那些对我日后的事业有影响的工作。

妈妈制作出一种银器亮光膏，我把它们塑成糕饼的形状，再用漂亮的纸包装起来，然后挨家挨户地推销。我发现，如果我只是站在门口向那些主妇宣传这种油膏，那么10个人中只有一个人会买；但如果我能进到厨房，亲手演示这种油膏的效果，那么几乎每次都能卖出去。

这教给我另一项我绝对不会忘记的重要法则：**好东西本身就是最好的推销员**。如果没有样品让顾客试用，仅靠平面广告或口头宣传就想把东西卖出去，那是非常困难的事情。

我这辈子最费力的事情就是让广告主们明白试用品或样品的重要性。广告主们没有想过，让他们的推销员不带试用品就跑出去卖东西效果会怎样。他们宁愿花大把的钱做广告，希望消费者在还没有亲眼看到和亲自试用商品之前就掏钱购买。有些广告主觉得派发试用品太费钱，有些则会辩解说总有一些人反复来要试用品。其实，仅靠口头说服的推销，代价更高。

对于那些不相信这一点的广告主，我希望他们亲自体验一下我当年推销银器亮光膏的经历。这种经历教会我重要一课，它为我的客户节省了数额可观的金钱。它可以在一天之内就让人明白，没有试用品的推销比有试用品的推销不知要难上多少倍。

我从街头巷尾那些卖假冒伪劣商品的小商贩身上也学到了不少东西。我曾在他们旁边站过好几个小时，看他们在路灯下叫卖。现在我才明白自己当时是多么沉醉于他们的手腕和心计。他们卖什么东西都要表演半天，用夸张的动作展示他们所销售产品的功用。奇怪的是，很多广告主对于销售的认知，竟不如这些小商贩。

后面我还会更深入地探讨这个问题，这是我思想的精华。我在这里谈及是为了说明我是从哪儿学到优惠券营销的基础知识的。后来，我通过报纸、杂志发放了上亿张优惠券，其中有些可以换一份试用品，有些则可以在任何一家商店免费领取一份正装产品。从此，我的名字便与这套广告方法联系在了一起。各种产品我都提供样品，我在广告业里能有今天的地位，样品功不可没，而赠送样品是多么简单、多么自然的方法啊！而且它也只不过是每名销售、每名走街串巷的推销员和街头小商贩都必须使用的方法而已。只有那些把广告看作万灵药的人才会只用广告，而不用样品推销。

我发现的另一个生财之道是卖书。这个领域的利润可以达到100%，实在很诱人。有一天，我听说伟大的侦探艾伦·平克顿[①]的自传已经出版。谁都知道，平克顿是当时所有年轻男孩心目中的英雄。因此我说服母亲将我们仅有的一点钱投资在购买平克顿的自传上。

我还记得当时我们购进那批书的情景。我把全部的书都摊在地上，相信所有的人都迫不及待地想一睹平克顿的书。我恨不得立刻就冲出去，把书卖给大家。

母亲说："先去找那些有名的人，他们会带动大家来买。"于是当天早上我立刻去了市长雷西格先生的家，在他离家之前找到他，他非常热情地接待了我。我是寡妇的儿子，在努力工作挣钱的过程中，遇到了很多非常好的人，他们给了我热情的支持。像每一个得到帮助的年轻人一样，我也从中获益良多。因为成功人士莫不希望别人也能够同样成功，努力之士也莫不希望看见别人一样努力。我就是这样。数不清的年轻人曾来过我家，但其中受欢迎的，不论男女，总是那些勤勉用功的人。我一向很讨厌那种靠父母的钱享乐的小伙子。在一定程度上，我认为女孩子也应该勤奋努力。如果两性之间有所谓平等，那一定是勤勉努力上的平等。不论性别，人

① 艾伦·平克顿，美国第一家私人侦探机构平克顿侦探公司的创始人，被很多人认为是世界上最早的私人侦探。

们都应当努力证明自己存在的价值。其中或许有些人，限于环境而无法完全达到自己的目标，但他们还是应该努力。我极其厌恶懒惰的人，我也相信，受我的影响，许许多多的人获得了幸福。

我现在明白了为什么雷西格先生那天早上会那样彬彬有礼地接待我：因为我是个正在努力尝试成功的小镇男孩。如今，即使在最忙碌的时候，我也从来不会拒绝接待这样的年轻人。我花了很多宝贵的时间和他们相处，资助他们，给他们提建议。我最欣赏的，莫过于想要实现自己理想的精神。

但实际上，那天早上我碰了壁。雷西格先生是位极其虔诚的信徒，他有许多极端且苛刻的想法，其中之一就是，一个整天和犯罪打交道的侦探在高尚社会里是没有一席之地的。他已经过了崇拜英雄的年纪。

起初，他非常专心地听我说话，但我一把书拿出来，他瞄了一眼，就把书扔回了我的怀里，说：“我非常欢迎你来我家，但不欢迎这本书，你们两者中必须有一个离开。你想在这儿待多久就待多久，但你的书必须扔到大街上。我认为，平克顿的书，对于我所代表的一切，是一种冒犯。”

这对我又是一个启示，同样的场景此后我也遇到过很多次：成百上千的人曾与我谈论过他们最钟爱的项目，许多董事会成员曾严肃地认定世界必定站在他们那一边。我也多次敦促他们遇事多做调研，要感受大众的脉搏。我告诉他们绝不能按照自己的想法判断大众的喜好。有些人听进去了，于是功成名就；也有些人嘲笑我的看法。虽然有些决定自行判断世界好恶的人也成功了，但他们中十之八九都失败了。最让我觉得荒谬的是，一群头发花白的董事竟要决定家庭主妇们需要什么。

我刚才提到的那件事结局还算不错。那天，我垂头丧气地离开市长那里回到了家。我真没想到，竟会有人这样评价侦探故事，那些我心爱的故事。

母亲鼓励我继续做下去，她说："去找那些做生意的人，到大百货商店去，听听他们怎么说。"我照办了。大百货商店的经理买了一本，而且他还带我到各个办公室转了一圈，又帮我卖出去 6 本。最后我把平克顿的自传全部卖了出去。

这又让我得出一条经验：我们绝对不能以一己之见去判断人性。我们想要的东西，我们喜欢的东西，可能只对某一小部分人有吸引力。因个人喜好贸然行事所造成的损失，足以轻易偿付国家的外债。我们生活在一个讲民主的国家，每个人对每一条法令都会有自己不同的观点，对某事某物的喜好和需求也是如此。只有那些冥顽不灵、顽固不化的人，才会全凭自己的喜好一意孤行、贸然行事。像做其他事情一样，我们做广告时，应听从公众的意见。

你将发现，这一点就是本书的主旨。我有一艘航海游艇，可你能想象我不带航海图或指南针就出海远航吗？如果没有这些，那我必定需要一路测量着水深前行。

我们都受环境影响，有钱有势的人总是讲究门当户对，有特定喜好和倾向的人也多是如此。地位越高，我们离普通人的想法就越远，但这在广告行业行不通。

我曾见过很多无用的尝试和失败的项目，这类尝试和项目之所以会产生，原因就在于那些执迷不悟的人总是以少数人的想法来判断多数人的行为。如果不是因为生意上的必需，我根本不会参与这种经营活动。有的人是难以说服的，他们不管对错，总是按照自己对事情的有限理解贸然行动。我的职责就是尽量以最少的代价，向他们指出可行的道路或沿途的礁石。

让我在此暂且说句题外话：成功之道总是藏于普通大众之中。**普通大众构成了消费的主要群体，了解大众并置身其中，便会有更多的成功机会。**

在广告业中，我所目睹的几个最成功的例子都是由一些很不起眼的人创造的，其中有两位现在是广告公司老板。一位在广告业里挣了大钱，他连自己的名字都不会写，但十分了解普通人的想法，而普通人也愿意买他卖的东西。另一位能写一手好文案，虽然他写的每一个句子都有语法错误，但他能让农场主情愿抵押自己的谷仓来买他的产品。

现在好多大学生跑来找我说："我们受过教育，我们有文学修养。"我告诉他们，这种教育和修养其实是阻碍。大部分人并不懂怎么欣赏文学修养，即使他们懂，也会敬而远之。因为对于花钱这件事，人们都怕受到别人的影响。任何特别的东西都会引起他们的怀疑，任何明显的推销都会引发相应的抵触，任何看起来像是来自上流社会的呼吁都会让他们感到别扭。总之，所有人都会对不自然的灌输感到厌恶。

在广告这一行里，我们找寻的是那些能够感知大众心声的人。我们从来不问他们的教育程度、文学素质，因为这两方面的欠缺是很容易弥补的。如果有一个人能够向我们证明他很了解人性，那我们会张开双臂欢迎他的加入。

让我举两三个例子。有一天，我收到一封信，寄信人显然只是偶然把信寄到了我这里。他在信中说："市场对现烤肉饼的需求很大，而我就生产这种肉饼。我把它们命名为'布朗太太肉饼'，因为人们喜欢家制的食品。现在市场对我的肉饼已经有相当大的需求，我认为潜在的需求更大。我需要资金来扩大生产。"

我在这个人身上看到了原始的直觉。吸引我的并不是他的肉饼，而是他那种少有的对人性的洞察。于是我派人去调查，发现写信人是个简陋饭馆的晚班厨师，每个星期只挣8

美元。我让那个厨师到我的办公室来，每个星期给他25美元，让他去学广告。就这样他加入了我的公司，现在已经成为国内广告业中的佼佼者。

还有一个人是从威斯康星州的马尼托沃克来到芝加哥的。他曾在一家名叫汤普森的餐馆吃早点，餐馆的烤苹果使他想起了家乡。他对自己说："像我这样从乡下来到芝加哥的人成千上万，大约占到全城人数的三分之二。我应该让他们知道这家店的烤苹果。"

于是他写了一个烤苹果的单页广告，把它交给了餐馆老板约翰·汤普森。汤普森先生同意发布这则广告。这是这家餐馆的第一个广告，这个广告让餐馆的顾客倍增，给汤普森先生带来了万贯家财。

很多年轻人或是初入行的人，认为这个行业中的老手们小看了自己。我的经验是，任何一行都在寻找有能力的人，而有能力的人真的是极度缺乏。我们对自己的行业越了解，就越有做不完的事。对任何一行来说，有能力的好手并不多，而所有的人都在找帮手分担自己的工作。所有看到这一现实的人都希望能够找到志同道合的人。

汤普森餐馆的第一个广告是在星期日上午刊登的。那时我是一家大型广告公司文案部门的负责人，正在招聘新人。广告见报的当天上午，我就找到了写这则广告的人，把他带回了我住的旅馆。我给他年薪 7500 美元，请他来我们公司上班。他从威斯康星州的一个小镇出来，以往拿到的工资大概还不到这个数的五分之一。我自认为没有几个人能像我这样对大众如此了解，而他是其中一个。

他没有接受我所提供的工作，因为他已经从自己的第一则广告中发现他完全可以走一条独立发展的成功之路。于是他继续努力，并最终获得了成功。他向那些来自乡下的孩子推销他们熟悉的家乡食品：甜甜圈、馅儿饼、正宗土鸡蛋和黄油等，为他成功的广告之路打下了良好的基础。

菲利普·伦南也是这样。他来自美国纽约州的锡拉丘兹市，之前在皇家制衣公司工作。那是一家专门为小城镇或农村年轻人提供定制服装的公司。伦南当时想，芝加哥有大量来自乡村的人口，他还能记起自己几年前回乡时，发现乡下的人们都愿意去那种定制型服装店买衣服，因为店名意味着他们会按顾客的尺码定制衣服，这样顾客就能买到更合适的衣服。于是，他成功地为这家服装公司吸引了成千上万的顾客。我聘用了他，给他开的工资是他当时薪资的两倍，因为他了解人们真正的需要。

查尔斯·米尔斯也是这样。他之前是替温顿汽车[①]做广告

① 1896 年美国生产的第一部汽车。

的，是我所见过的最懂人情世故的人之一。为了请他来广告代理公司，我给他开了25000美元的年薪。我对他说："你是广告界少有的对普通人性有很强理解力的天才，我们需要你，因为我们奋斗的目标就是寻找真正的人性。"

我之所以举这些例子，目的是要说明好的广告是多么朴实无华，质朴的人性是多么重要。这一行里有很多新人，他们有的靠语言技巧和创意能力创作广告，有的则靠新奇古怪吸引眼球。所有这些人都不过是在取悦自己，而这样的行为总是让人生厌。我所知道的广告界中的为人称道之人，都是很谦逊含蓄的。他们出身于平民大众，自然更了解平民大众的需求。

平民大众谨慎精明、精打细算、勤劳俭朴、从不轻信，他们在日常采购中可不容易上当。那些受过高等教育，而又生活在完全不同环境里的人，是很难理解他们的。

今天，我们可以看到，那些大型企业的经营者，很多都是一步一个台阶从最底层做起来的。基于这种一步步上升的经历，他们对手下不同岗位的人都十分了解。尽管如此，仍没有任何一个行业像广告业这样，如此需要这样的了解。所以，我在这里讲述的这些经验，不仅是从事广告业的最基本要求，同时也是经商或从政的最基本要求。

职业生涯的开端

高中毕业之前，我的理想一直都是当一名牧师。那时候，我十分努力地研读《圣经》。我们家最常玩的游戏是接龙诵读《圣经》赞美诗。像单词接龙一样，我们围成一圈比赛背诵赞美诗，犯错的人就退出，直到圆圈里只剩一个人，而那个剩下的人总是我。我所记得的赞美诗，比任何一个我所认识的人都多。

牧师也常来参加我们的游戏，可在《圣经》比赛上他也不是我的对手，我知道的赞美诗要比他多好几倍。7 岁时我就已经能写布道词，并将其在父亲的印刷店里排印。我经常在祷告会做小型的布道，因此所有人都认为，未来我必定会走上圣坛布道。高中毕业时，我代表我们班在毕业典礼上致告别词。我的告别词是关于野心的，我还记得当时我怎样贬低野心，同时又多么希望有一个清贫而充满奉献的人生。

高中刚毕业的那个暑假，每个星期天我都会到我教书的一个乡村学校里布道。那个学校离我们家有 19 千米，而我总是提着行李步行到那里。我发现校董事会里没有一个人能读能写。董事会主席同时也是当地社区的领导，他的这个职位是用一桶威士忌酒换来的。一艘船在密歇根湖上失事，船上的这桶酒漂流到岸边，那人很慷慨地与大家分享，于是他家的起居室就成了当地社区的集会总部，直到现在那个酒桶还摆在他家客厅的角落里。

那间客厅里的其他家具只不过是一个烧木柴的火炉和三个肥皂箱。我在其中的一个箱子上落座，努力让这个不识字的人相信我够资格教书。最后，我靠念年历上的一则笑话取得了他的信任。那本小册子就是他的全部藏书，而我能够把上面的东西读出来，对他而言这就是天门大开。这又给我上了另外一课。尽管我在大多数情况下要和文化程度不高的人打交道，但他们都是些淳朴简单的人。我真的喜欢他们，也了解他们的天性和对事情的自然反应。

资格问题解决了，接下来就是报酬问题。他们正在筹划开办一个为期两个月的暑期学校。我们到会计的家里计算社区的财源，共计 79.5 美元，这笔钱就是我教书的薪水。

我找到一户农家，他们有一架新风琴，还有两个想学风琴的女儿。我提出教她们音乐课，另外每个星期再付 1 美元作为我的住宿费。那个暑假每月我可以攒 35 美元。后来，在我开始正式工作之后很久很久，我才能攒到这个数额的钱。

在那个社区，星期一到星期六我是学校里的老师，星期天我则是牧师。在那里，我每天都对人有新的了解。各位读下去就会发现，当时的经历让我获得了至今最大的收益。

那个暑假结束的时候，我去了芝加哥。母亲当时正在布赖顿公园探访米尔博士一家，我就去找她了。我抵达的第二天是星期天，当天下午，当地牧师来找我们。他生病了，第二天不得不多休息一天。他告诉我们，他很担心那天晚上的祈祷，于是母亲建议我去帮他，毕竟我是正在学习当牧师的学生。

我意识到这是我人生的一次危机。长大以后我已经偏离母亲对于宗教的刻板认识。我知道对于我的真实想法，她一定不会赞同。她属于基本教义派，深信人性的邪恶、地狱之火及其他所有的奇迹。对她来说，《圣经》就是历史，是由受神的启示的人写出来的，字字句句都须坚信不疑。世界是在六天里创造出来的，夏娃是用亚当的肋骨做成的。威廉·詹宁斯·布赖恩[①]肯定会成为母亲的偶像。

---

① 威廉·詹宁斯·布赖恩（1860—1925），美国律师、政治家，主张对《圣经》做实事求是解释的保守派政治家。

我已经逐渐远离母亲的正统观念，但我还是不敢告诉她，那无疑是在摧毁她的梦想。但是那个夏天，我根据自己对宗教的理解准备了一篇布道词。在布道词里，我赞同生活中那些我无缘享受却没有害处的人生乐趣。我认为地狱并不存在，也反对原罪及我曾经相信的教义，甚至质疑“创世纪”以及“约拿与鲸鱼”这两个故事。

我答应那天晚上去发表布道词，并准备承担后果，那年我 18 岁。从那时起至今，我再也没有害怕过面对那样的危机。除非我要当牧师，否则我觉得我的学生生涯就该暂告一个段落了。我到芝加哥就是要决定我的人生道路，现在就是考验我的时刻。

当晚在讲道坛上的经历，至今仍是我印象最深刻的记忆之一。现场听众有 800 人，平均年龄是我的两倍。我没有在意他们，心里想的听众只有母亲一个人。我知道坐在我身后的牧师是母亲的朋友，他的正统观念和母亲一样。因此，我觉得自己实在有点离经叛道。在记忆中，我从来没有面对过如此对立的场面。我认为那次布道是我生命中最恐怖的事件。

随着布道的继续，牧师越来越坐立难安，母亲的脸上也阴晴不定，听众看来也吓坏了。等我讲完，牧师用颤抖的声音做了祈祷。听众沉默着走了出去，没有一个人过来和我打招呼。我知道自己已经被这群我曾经希望带引的信徒放逐了。

回家的路上母亲沉默不语，那个晚上她没有跟我说一句话，我知道我已经将我们的关系推到了离别的岔路口。第二天，母亲邀我到市中心共进午餐。在迪尔伯恩大街那家餐厅的餐桌上，她终于谈到这件事，她说我再也不是她的儿子了。我没等她有更进一步的表示便起身离开，就这样，通向牧师的大门被我永远地关上了。

母亲从此不再像以前那样对我，她不能原谅我的过错。我们从那天起鲜有会面。她一直关注我在其他领域获得的成功，但从不和我讨论这些事。我打碎了她的梦想。其实如果广告业也像宗教那样让我感到压抑的话，我也会放弃它。实际上，我曾多次因为相同的理由放弃了很多大客户。我相信每个人都应该如此。如果一个人不能认同他的职业，不能从工作中获得快乐，那么他是不可能成功的。我认为做事业就像玩游戏，我们应当像享受游戏一般享受事业。这就是为什么我一直热爱工作，而且至今依然如此的原因。

在那个决定我命运的重要日子，我站在迪尔伯恩大街上，摸了摸口袋，发现我只有 3 美元了。我的其他积蓄都留在了密歇根州。我想起斯普林莱克的叔叔家有一个果园，那时正值水果采摘季节，于是我决定去那里帮叔叔摘水果。

我在港口找到几艘从马斯基根来的运木船。其中一艘船的船长同意让我在厨房帮忙打杂以抵付船费。船到马斯基根后，我步行到斯普林莱克帮叔叔和其他果农摘水果，每天挣1.25 美元。那些收入加上我做教师时攒下的钱，一共有 100 多美元，可是我需要 200 美元才能上商学院念书。

祖父那时住在叔叔家，他很欣赏我工作的态度，于是叫我“执着先生”。果园里有两个男孩，一个是我，另一个是和我年纪一样大的堂兄弟。我每天工作 16 个小时，堂兄弟却能偷懒就偷懒，所以祖父决定支持我。他一共只有 100 美元，是用来给自己养老送终的，他把这笔钱给了我，条件是在他死后由我负担他的丧葬费用。我当然答应了。

那是我人生的另一次危机。我和堂兄弟同样年纪，至少到那时为止，谁也不能说我们俩哪一个的资质更好。在某些人眼里我是个自甘堕落的孩子，受到了很多批评。可我已经有 100 美元的存款，并且拼命工作；另一个孩子却分文没有，还不爱工作。于是，我获得了帮助，并由此改变了命运。那个孩子后来成了消防员。之后我也目睹过类似的关键节点，勤俭的人总能得到命运之神的眷顾，而这样的眷顾一般都是人生旅程中最为重要的机遇。

凭借这200美元，我去了大激流市[1]，进入斯文思堡商学院学习。这是一所很奇特的学院。斯文思堡“教授”写得一手好字，仅凭这一本事，他就成了教授商业的老师，可他什么也没教会我们。在我们看来，他所有的知识就是要弄他的笔杆子。我们还不如用这6个月的时间，到一所大学里学习几门已经消亡了的语言文字课呢！毕业后我们本应成为记账员，可我们对账本的所有认识不过是一些空洞的数字而已。

真正教给我们知识的是一个叫威尔顿的人。我们叫他威尔顿“教授”。实际上，他直到死的时候也不过是个物业管理员。而他所谓教育，就是羞辱所有的学生，让我们觉得自己一无是处。他的话总是尖酸刻薄，充满讥讽。他最喜欢的恶作剧，就是教我们拼写一些谁也念不出来的词，这让我们觉得自己真是无药可救。记得有一次他写了一个词是“charavari”，我们这帮人谁也读不懂，于是他就让我们去查字典，第二天早上再去找他。正如他所料，我们谁也查不到这个词，我们甚至连头三个字母都无法弄清楚，这就给了他一个机会笑话我们，说我们这些人是笨蛋。

斯文思堡“教授”给我们上早课，他的教学目标好像就

---

① 大激流市，密歇根州第二大城市。当时人口20多万，因有一条大激流而得名，沿河两岸丰富的木材使之成为家具之都。

是要让我们觉得自己很卑微。对于一个注定要在高脚凳上终其一生的记账员来说，也许这种自卑心理是一种重要素质。我越来越觉得是这样。他不断打击我们的自信心，让我们确信自己毕业后只可获得周薪4.5美元的记账工作。面对学生，他没有启发，没有鼓励，只有高高在上的嘲弄和讽刺。不过我认为，他对我们的看法还是对的，要是雇斯文思堡的毕业生花了更多的钱，那一定是花了冤枉钱。

当我的学习快结束时，钱也差不多快花光了。我开始考虑回到果园去帮工。一天早上，斯文思堡“教授”带了一张明信片来上课，这张明信片就是那堂课的主题。他说：“孩子们，我总是和你们说，你们会有机会得到一个每星期4.5美元的职位的。现在我手上就是证据，一个这样的工作借着明信片来了——不是信函，就是想省点邮票钱。这是一个在大激流市做生意的人写给我的，他有一个每周能挣4.5美元的记账员的职位，让我推荐一个候选人给他。你们大家不要现在就报名，如果有谁想要这份工作，下了课到我办公室来，我会给你们那个人的姓名和地址。”

其他孩子都大笑起来，以为这又是“教授”拿他们的无能开的一个新玩笑，可我却悄悄地挤到了门边。斯文思堡“教授”课后走下楼梯的时候，我是唯一一个跟在他后面的人。

他给了我一封写给斯塔德利先生的信，然后我就去面试了。斯塔德利先生在大激流毡靴公司有投资，原来做记账员的小伙子升为主管了，现在他们要找个人代替他。如果这名主管觉得我合格，那我就能得到那个职位。

我见了这名主管先生，而且被录用了。记账只是我工作的一小部分，我还要扫地、擦窗户，另外还要跑外勤。这份工作对我最主要的要求是不能穿外套上班。这名主管是个很民主的人，但他不允许自己周围的人是“花花公子”，因此无论是在办公室里还是跑外勤，我总是穿着衬衣，从来不穿外套。我之所以能胜任那个职位，是因为我有两件衬衣。

接下来的问题是每周如何靠 4.5 美元过日子。我找到一间小屋，房东是个寡妇，她希望家里有个男人，房费是每周 1 美元。在一家杂货店楼上的小饭馆里，一个邋遢的男人给我提供脏兮兮的伙食，每周收我 2.5 美元。那已经超出我所能承受的范围了，因为我还得留下洗衣服的钱，所以我和他商量每周少吃两顿饭，他只收我 2.25 美元。

那时我很年轻，活动量大，总是食欲旺盛。所以最使我困扰的问题就是：到底少吃哪两顿饭呢？我试过不吃早餐，可从早晨起来我就饿；我试过不吃午餐，可整个下午又会因此很难挨。我唯一的办法就是晚上用最快的速度跑过那个饭馆，冲到自己床上。可这并不容易做到，除非我已经跑出了那条街。食物的香味常常使我忘记自己身上那件对我的工作至关重要的衬衫。

这些事听起来好像很可怜，实际上却不然。与我从前在雪松沼泽地干活儿的经历相比，这已经好很多了。现在的我可以独自拥有一间卧室，而不是和一群铁路工人一起挤在干草堆上。其实，只要我们是在进步，就没有什么辛苦可言。而一旦生活每况愈下，即便是从大理石建造的大厦搬到比较便宜一点的房子，都会让人难以忍受。

毡靴公司由大激流市企业界的一些领导人物合资经营。我们的销售季只在冬天，所以整个夏天我们都要借钱为冬天的生意做准备。我们的票据得由董事们背书，因此我的工作职责之一就是跑来跑去以取得各种授权书或续订协议。就是在这个过程中，我遇到了比斯尔地毯吸尘器公司的老板比斯尔先生。

比斯尔先生是个亲切和蔼的人，我觉得在他那儿我有可能拿到更高的薪水。有一天，我在他去吃午饭的路上拦住了他，向他诉苦，说一个年轻人一个星期只靠 4.5 美元过活是多么困窘。这点无须夸张。在他去吃午饭的时候，我告诉他我每个星期都不得不少吃两顿饭，我还描述了自己对吃顿馅饼的渴望。我知道有一家餐馆在晚饭时供应馅饼，但它们的伙食标准是每个星期 3.5 美元。那时我最大的野心就是吃上那份馅饼。

从比斯尔先生那里，我对人性又有了新的认识。挣扎与贫困并不能打动他，他对这些知之甚详，还觉得这样的经历对任何人都有好处。可他也喜欢馅饼，而且从不讳言。于是他邀请我去他家吃馅饼，还设法把我的工资涨到了每星期6美元，之后我每天都可以吃上馅饼。

初涉广告

那次见到比斯尔先生之后，我们又见了很多次面。随后天气变冷，我在毡靴公司的工作变得更重了。

“我听说你工作很努力。”有一天比斯尔先生对我说。

我答道：“我应该努力工作，之前淡季的时候我日子过得太轻松了。”

他一再要我讲一讲我到底是怎么过的。于是我告诉他，我经常凌晨2点钟才离开办公室，早上8点钟又再次出现。像所有我所知道的大人物一样，他也是一个工作狂，他的工作量往往是普通人的三倍。得知我工作起来夜以继日，他对我产生了兴趣，还敦促我加入他的公司。

在我们事业的早期阶段，没有相应的工作业绩供人判断。肤浅的人只会以他们自己的喜好来评判我们，这种人我们不大会结交。真正成功的人会以我们对工作的热情来评判我们，热情也是他们成功的基础。他们聘用我们来工作，最为看重的就是我们的工作能力。

我从2月起在比斯尔地毯吸尘器公司工作，职位是助理记账员，每月的工资是40美元。到11月，我的薪水就涨到了每月75美元，当时的我已是会计部的主管，但这个职位也没有更大的晋升空间了。

我开始分析其中的原因。养一个记账员毕竟是一笔开支，而所有的企业都希望压缩开支。我不可能和其他记账员做同样的工作，却要求更多的收入。高额的工资是付给销售人员的，付给能够带来订单的人，或是付给那些能在工厂里降低生产成本的人。他们都为公司创造了利润，所以也就有理由分享这些利润。我看到了企业在赚钱和花钱方面的不同，便决定从花钱的部门调出。

就在那时，经理查尔斯·贾德给我们会计办公室拿来一本约翰·鲍尔斯[①]写的宣传册子。鲍尔斯是那个时代广告业

---

① 约翰·鲍尔斯（1837—1919），以“现代创意广告之父”著称。他在独立文案撰稿人中名列第一，既表现在收费上，也表现在能力上。“鲍尔斯风格”意味着简单、短小、生动，同样是撰写因果关系式的文案，他的却意味深长和真实。鲍尔斯固执己见和执拗，只为那些他认为可信赖的人工作。他为沃纳梅克百货店创作的广告“我们有许多腐烂的薄纱和打算扔掉的东西”，几小时就卖掉了许多货物。他被称为“广告业最具影响力的文案”。他的作品至今仍是美国广告的典范。

的引领者，或者更确切地说是现代广告的“接生婆”。那时广告业还处在婴儿期。他当时在为费城的约翰·沃纳梅克[①]写广告，并在此过程中开创了现代广告的新概念。他陈述事实，但用的是一种跌宕起伏、使人着迷的方式。沃纳梅克每年付给他 1.2 万美元的报酬，这在当时可以说是一笔很丰厚的报酬。他成了所有想在广告业大展宏图者的榜样，直到今天，他在某些方面的地位依然很高。鲍尔斯那时所倡导的一些准则如今仍然是广告业的基本原则。

后来，鲍尔斯离开沃纳梅克自立门户。比斯尔地毯吸尘器公司的区域经理托马斯·威廉姆斯特别崇拜他，从他那里我听到了很多关于鲍尔斯的广告传奇故事。

我还记得一件发生在匹兹堡的事情。一家服装企业快要破产了，他们找来了鲍尔斯。鲍尔斯很快分析了形势，说：“只有一个解决办法，那就是说真话。告诉大家你们快要破产了，唯一的补救方法就是不得不快速、大量地甩卖存货。”

但是那些服装销售商不同意，他们觉得要是这么做了，所有的债主就都会找上门来。可是鲍尔斯却说：“没关系，要么说真话，要么我走人。”

---

① 一名美国商人，被认为是百货商店之父，也是业界公认的第一个现代意义上的广告主。他曾提出广告营销界的“哥德巴赫猜想”：我知道在广告上的投资有一半是无用的，但问题是我不知道是哪一半。

第二天，这些销售商就登出了一则这样的广告："我们快要破产了。我们欠了 12.5 万美元，但我们还不起这笔债务。这个消息会让我们的债主跑过来掐住我们的脖子，不过如果你们明天来我们这里买东西，那我们就有钱还债了。否则，我们就彻底完蛋了。以下是我们为此给出的特价……"

说真话在那时的广告业还是罕见的事情，这则广告引起了人们的同情，成千上万的人如潮水般涌去购物，最后这家公司得救了。

还有一次，有人请鲍尔斯给一批卖不出去的雨衣做广告。

他问："这些雨衣怎么了？"

货主说："我告诉你，你可别和别人说，这些雨衣质量不好。当然，广告里可千万不能这么说，尽管这是事实。"

第二天，鲍尔斯带着一则广告来了。广告上说："我们有 1200 件质量极差的雨衣。它们几乎值不了多少钱，可按我们的价格购买还是合算的。来看看吧！如果你觉得值这个价，那就买下它吧！"

货主看后一下子跳了起来，简直想揍他一顿。"你什么意思，竟然登广告说我们的雨衣质量差？这样我们以后还怎么把它们卖出去？"

"我只是把你告诉我的话写出来，"鲍尔斯说，"我只是把事实告诉大家。"结果在货主的情绪平复下来之前，所有的雨衣就都卖光了。

当时，鲍尔斯的名望正处于巅峰。他应威廉姆斯之邀，给比斯尔地毯吸尘器公司写了一本宣传小册子。小册子是印在牛皮纸上的，鲍尔斯的一个理念就是态度不能掩盖真相。我清楚地记得印在小册子上的第一句话是：“吸尘器，就要买对的——这个吸尘器无可匹敌。”

可是他对地毯吸尘器一无所知。他没有研究我们的经营情况，不了解我们需要解决的问题，也从没花时间研究一下家庭主妇对吸尘器的需求。

我对贾德先生说：“这样是卖不出地毯吸尘器的，这本宣传小册子里没有一个字能打动家庭主妇并让她们前来购买。让我动手试试吧，三天之内，我会交给你一本新的小册子，到时候你可以和这本作比较。我会根据我对问题的了解去写。”

贾德先生笑了，但还是同意了。在随后的两个晚上，我根本没合过眼，第三天我交上去一本全新的宣传小册子，所有人都同意用它来代替鲍尔斯的那一本。鲍尔斯起诉了公司，想索要一笔稿费。但公司以我的小册子为凭进行了反击，并赢了官司。

当时的吸尘器生意还处于初期阶段，用户少，销售额低。为了强化我那本宣传小册子的效果，我请求公司允许我为增加市场对吸尘器的需求做一次尝试。圣诞节快到了，晚上回家的路上，我突然想出一个主意，何不鼓动大家把地毯吸尘器当作圣诞礼物呢？之前从没有人这样做过。我设计了一种展示产品的架子，还画了很多卡片，上面写着“圣诞礼品中的皇后”。然后跑到经理那里，请他允许我用信函的方式推销一些产品。

他嘲笑了我一番。像我们所有的主管一样，他以前也是个推销员。他说：“到大街上去卖你的吸尘器吧！不论是到哪儿，你都会发现它们会因无人理睬而蒙上灰尘，经销商们恨不得把它们白白送出去。唯一能把吸尘器卖掉的方法，就是用枪，把人逼到墙角，强迫他签订单。如果你觉得仅靠写封信就能把东西卖出去，那真是太可笑了。”

但是我写的那本宣传小册子赢得了他的尊重，他同意让我发几千封推销信函试试。于是我将展架和卡片的事写信告诉了经销商。圣诞节期间，我向他们免费提供这两样东西，不是作为礼物，而是作为一种奖励。从头至尾，我也没有让他们花钱购买，那样做没有什么好处。我只是在提供服务，我只需要经销商和我签一份协议，让他们答应在那个展架上展示我们的吸尘器和我设计的卡片。这反而使得他们主动来联系我。

我寄出了大约5000封推销信函，由此得到了大约1000

个订单，可以说这是我们第一次收到邮寄来的订单。一个新点子就此诞生，这使我得以结束在“花钱的会计部门”的工作，进而转到了“赚钱部门”。

不过直到那时我还没有足够的勇气，没有胆量在没有把握的情况下贸然“下海”。这一点，又是托母亲的福。于是我决定，白天做新的冒险生意，晚上还是继续做记账工作。我这样坚持了很长时间，很少在半夜以前离开办公室，凌晨2点离开对我来说是很正常的事。

在孩童时期，我曾学过一些林业知识。我收集身边所有的树木标本，拿去和其他孩子交换，就这样我收藏了很多有趣的树木标本。这个小小的爱好对我的下一步推销产生了直接的影响。

我想出的点子是以有趣的木材制造一些比斯尔地毯吸尘器。如果说我之前以信函争取订单的点子得到的回应是嘲笑，那这个新点子引起的就只有可怜了。我请他们用12种完全不同的木材生产12台比斯尔地毯吸尘器，每种木材生产一部，一打为一系列。我要求他们对一个系列的产品按从浅色的鸟眼枫木到深色的胡桃木的顺序进行排列，其他颜色放在中间。

这引起了大家的一致反对。我说过，我们公司的所有主管以前都当过推销员，其中一人还发明了某些新设备，在公司很有影响力。他说：“为什么不讲清扫程序、专利除尘装置、旋转支撑架或是我发明的那些了不起的东西呢？”

“我是在跟家庭主妇打交道啊，”我说，“她们不是机械师。我想给她们讲一些她们看得懂而且真正感兴趣的东西。”

最后他们做了让步，放手让我去干。毕竟我做到了他们原以为不可能的事——靠寄信卖出了吸尘器。他们找不到充足的理由来拒绝我。他们同意为我生产 25 万台吸尘器，全部采用那 12 种木材，形成系列。

在他们生产吸尘器的时候，我安排了我的营销计划。我给经销商们写信，内容大意如下：“比斯尔地毯吸尘器公司现在提供每打 12 种不同木质的产品，它们是用世界上最好的 12 种木材生产的。我们还免费提供展架，同时附上介绍这 12 种木材的宣传小册子。免费展架和小册子的供应仅此一次，如果你们签署随信寄去的协议，承诺在展架上展示这套产品和我们提供的宣传小册子，直至所有的吸尘器都卖出去，并连续三个星期在卖出的所有商品的包装中附上我们提供的宣传小册子，我们就向你们提供这套产品。”我向他们提供的是优惠待遇，而不仅仅是一个饵。我以赞助者而非推销员的姿态出现。因此，经销商们积极地回应了我，他们在三个星期内把我们的 25 万台吸尘器全都卖了出去。

让我们在此稍停一下，这是我广告生涯的开始，是我最初的成功案例。它靠的是取悦于人，就像我以前做过的所有事情一样。用这种方式销售很有效，不仅对经销商如此，对顾客也是一样，它增加了地毯吸尘器的用户数量。事实上，这种做法使比斯尔地毯吸尘器公司取得了在行业中的垄断地位，且这种地位一直保持到今天。

也许有人会说："我没有你那么好的机会，我的产品也不如你的。"它们当然不一样，但你推销的产品可能也拥有成千上万个优势。在那个时候，没有什么产品会比卖地毯吸尘器遇到的困难更多。不管是什么产品，仅靠常规的广告是不可能持续实现高销量的。一台地毯吸尘器能用 10 年，利润大约是 1 美元。对于这类产品，从没有人能用常规的广告方法获得更多盈利。

要说成功的机会，我当时遇到的机遇不比其他任何领域里的年轻人多。无论是在银行里还是在木材行里工作的人，无论是做轮胎生意还是开杂货店的人，其成功的机会都比我大，唯一的区别在于我们的理念不同。我认为行政杂务是一种支出，而所有的支出都应该最大限度地压缩，因此我要努力进入盈利部门，在那里，发展的空间是无止境的。

运用那 12 种木材生产吸尘器的成功使我获得了很大的声誉，接着我又开始找寻有新意的点子。我去了芝加哥，在那里，我看到一节普尔曼卧铺车是用朱红色木材装饰的，那是一种很漂亮的红木。我跑到普尔曼生产车间问他们这种木材的事，他们告诉我这种红木来自印度。当时，那里所有的森林都属于英国政府，这种木材都是由犯人砍伐下来，再由大象拖到恒河边。这种红木的密度大于水，所以在每捆红木两边都要绑上普通的木材，这样才能让它们浮在水中顺流而下。

他们的讲述在我脑海里描绘出了一幅很有趣的画卷。政府管控的森林、罪犯、大象、恒河……在回家的路上，我不停地想象那样的画面。

第二天早上，我回到大激流市，又回到了尘世中。对于政府管控的森林、印度王公贵族、大象、恒河等，我的老板们才没有兴趣呢！他们整天想的就只是怎么完善一种新的除尘装置。

我费了很多时间和精力劝说他们，请他们订购一船红木。他们又笑了起来。他们再一次说，吸尘器的用户才不会对木料感兴趣呢，他们想要的是诸如优质的清扫性能、高效的自动倾倒装置、纯鬃毛的刷子之类的东西。这是多么愚蠢啊！和他们讨论问题就如同对牛弹琴。

好在我以往的成功给我带来了一些好名声，我最终说服他们给我买了一船我想要的红木。我一边等着到货，一边筹划我的促销活动。我用红木的颜色套印宣传册正文的开头，信封也采用同样的红色，然后在红底上印上白色字体的地址。我印了 200 万份宣传小册子，封面就是红木的颜色和底纹，上面还印着一个印度王子的头像。这些小册子讲述了一个足以勾起人们好奇心的故事，而且能够引得主妇们都想看看这种木料。没有什么因素比好奇心更积极有效了。小册子里加上了森林、罪犯、大象、恒河和普尔曼卧铺车的图片。我印发了10万封信函给经销商们，向他们介绍这种木材。

几个星期后，木材运到了，且都被削砍成了原木的形状。几个小时后，工厂主管约翰逊先生双眼含泪地来找我。“我们想把这些木头锯开，”他说，“可我们的锯子都被弄断了。这些木头简直像铁一样硬，根本切不开。整船木头都没有用了！”

我说：“打起精神来，约翰逊先生。每个人都要去解决各自的难题。他们说我不可能靠寄信函卖掉吸尘器，可我做到了。现在你是生产方面的行家，你可不能被吓倒。”

在想办法用双人大锯把木头锯开之后，他又带着新的抱怨来找我了。他无法在木料上钉角钉，所以他觉得没有办法用这种木料生产吸尘器。

我说：“约翰逊，你真是麻烦。来，你坐到我的位子上来试试卖吸尘器，我去替你造机器，给你的角钉打几个洞。”

但是压力越来越大了，生产工作几乎停止了，吸尘器的成本增加了。我只能让步，每打吸尘器中只有3台用红木，其余的还是使用普通木料。

很快我就开始寄信，信函里并没有强迫经销商去订购吸尘器，而是为他们提供销售吸尘器的特许权。只要立即订货，每打货物中就能包含 3 台红木吸尘器。经销商们可以自行定价销售它们。但是，红木吸尘器仅此一批，欲购从速。订购的唯一条件就是经销商必须签署附在信后的一份协议书，保证在售出之前展示这些吸尘器和我们提供的宣传卡，并且在随后三个星期内，在每一件售出的商品中都放入我们红木吸尘器的宣传小册子。就这样，我再一次让经销商主动来找我们。

市场的回应出人意料地热烈，比斯尔地毯吸尘器公司在接下来的六个星期里赚的钱比以往任何一年全年赚的还要多。他们还极大地增加了吸尘器经销商的数量，家庭主妇们也对这种当时还没有普及的机器产生了强烈的购买兴趣。

在那之后，我放弃了记账工作，把所有的时间都投入到了销售工作上。我靠只需一分钱邮资的推销信函卖出的吸尘器，比我那 14 位同行四处奔波所卖的总数还要多。同时由于我们的推销员总是有新的产品特色可谈，因此销售额也增加了。就这样，比斯尔地毯吸尘器公司获得了它至今仍保持着的市场地位，几乎控制了 95% 的市场份额，而且其经销商也成了最有效力的广告商。随着市场需求的不断增长，我认为，比斯尔地毯吸尘器公司已经成了大激流市最富有的企业。

我的工作是每年筹划三个销售项目，全都是装饰和木料方面的。比如有一次，我发现有人申请了一项专利，是关于一种彩色面板的制作技术的。把颜料涂在面板底部，颜料会顺着面板的木质纹理渗透上来，形成一种很美妙的效果。我给这种木制饰件起了一个很上口的名字，然后把样品附在销售信函里。

这次，我向经销商们提供的每 12 台吸尘器中有 3 台是金色的，和我们当时在芝加哥世界博览会上所展览的完全一样。这样，我就等于把世界博览会办到了全美各地的千万个橱窗里。

不过，不到两三年的时间，我就发现自己快要拿不出新的方案了。地毯吸尘器的外观装饰能够做的文章越来越有限，要想出新的点子越来越难，我觉得自己快要江郎才尽了，于是开始考虑为自己寻找更广阔的天地。

就在此时，芝加哥的洛德暨托马斯广告公司第一次给我提供了一个职位。它们的营销企划人员卡尔·格雷格离职加入了《越洋》杂志，去做增加杂志发行量的工作了。洛德暨托马斯广告公司注意到我在推广吸尘器上的杰出表现，就邀请我接替他的职位，而且开出的工资比我在大激流市要高得多。于是我对比斯尔地毯吸尘器公司的人说，我希望去应聘。为此他们召开了一次董事会议。董事会所有成员过去都强烈反对过我的方案，他们对我的每一个销售计划都或批评或嘲笑，而且从来没有停止过批评我用各种木料做吸尘器来促销的主意。然而，他们全体一致同意用和洛德暨托马斯广告公司一样的待遇来挽留我，所以我就留了下来。

那时候我就知道，这只不过是一个临时的决定。我感到有更广阔的天地在召唤我，芝加哥的邀请对我的野心是一个刺激。不久以后我得到了一个更好的机会，就辞职了。

更广阔的天地

现在我的生命进入了比较悲剧的时期。我在大激流市的发展几乎已经到了极限，没有更大的发挥空间了，洛德暨托马斯广告公司发出的就职邀请使我名声更响。或许是受体内源自母亲的苏格兰血统的影响，我的野心在不断膨胀，我开始急于走得更高、更远。

但那时我刚刚在大激流市安置了新家，我认识的所有朋友都在这个城市，在那里我小有名气。我明白，如果到一个更大的地方，那我就不得不牺牲一些我最喜爱的东西。

我想，按照普遍的看法，我的野心也无可厚非。雄心壮志在任何地方都是受鼓励的。但我仍然常常回到大激流市，我对我老朋友们的生活实在有几分嫉妒。他们的生活平和宁静，无须应对高要求，成功和金钱就稳步向他们走来。而回首我自己风风雨雨的生活，我并没享受过他们没有经历过的快乐。我拥有名气，但我并没有因此感到开心。金钱上的收获当然丰厚，但我从来无法愉快地用它们消费。我心底里一直希望自己能走上平静生活的道路。这本书是在邻近大激流市的花园里写的，是一种独特的家的感觉把我吸引到这里的。当我和老朋友们在这里聚会的时候，真的很难说谁选择了更为明智的生活旅程。

那时芝加哥一家名叫斯威福特的食品加工公司登报招一名广告经理。我查了一下这家公司，发现他们那时的资本是1500万美元，他们打算每年在广告上投入30万美元。在当时，这笔投入足以使他们成为美国最大的广告主之一。我觉得比斯尔地毯吸尘器公司能提供的机会连他们的十分之一都没有，于是我决定争取这个在芝加哥的职位。我一点也不怀疑自己有做这份工作的能力，在密歇根的时候我就是个呼风唤雨的王者，所以从没想过其他权威人物会像对待奴才那样对待我。

到了芝加哥，我找到这家公司的牲畜饲养场，被引见给了里奇先生。他是人造黄油部的主管，也正是那个极力主张公司大登广告的人。

“里奇先生，”我说，“我是来应聘广告经理职位的。”

他慈祥地对我笑着，询问了我的姓名和地址，然后在一张纸上写下了我的名字。在我的名字前面，还列了一长串别人的名字。

“这些都是什么人？”我问。

“怎么了？他们是其他申请这个职位的人。”里奇先生对我说，“已经有105个人了，你是第106个。”

我被吓住了。居然有106个人认为自己能胜任这个高级职位，真是不知道天高地厚！

我回过头对里奇先生说：“我到这里来主要是想看看我在广告圈所处的位置，并不是真的对这个职位志在必得。我还是很想念大激流市，我觉得我在那里很快乐。但现在这是一种挑战，我会向你证明我是最适合这个职位的人选。”

里奇先生又笑了，他说：“那就来吧，我们也希望你能证明自己的实力。”简短地交谈了一会儿后，他就让我走了。

我熟悉芝加哥所有的大型广告公司，他们都曾对我的工作提供过帮助。于是那天下午，我挨家挨户地去找他们说：“请今天就帮我给芝加哥联合饲养场斯威福特公司的里奇先生写封信，谈谈你们对克劳德·霍普金斯的看法。”所有的人都答应会去做，我也知道他们中的一些人很会写一些阿谀奉承的话。

那天晚上我回到了大激流市，那时候我刚刚受雇于当地的商会，给他们编写大激流市的历史。商会里的人很喜欢我写的东西，写那本书使我有机会接触到当地所有的商界领军人物。第二天早上我开始出门拜访他们。首先我约见了银行家，其次是家具制造商，再次是批发商，最后是其他行业的商人。我花了两三天时间去联络他们，我对每个人都说："请给芝加哥联合饲养场斯威福特公司的里奇先生写封信，谈谈你们对克劳德·霍普金斯作为一个文案和广告人的看法。"就这样，信件像潮水一样涌向里奇先生。

然后我又去找了大激流市的《先驱报》，对他们说："我愿意每天就广告这个题目为你们写两栏专题文章，你们不用花任何钱，而且这些文章还可以教教那些广告主怎么做广告。我唯一的条件就是你们允许我在文章上署名，同时在见报时刊登我的照片。"

他们同意了我的要求。就这样每天晚上下班后，我都要写那两栏专题文章，然后在午夜之前骑着车赶到报社交稿。所有的文章都是针对斯威福特公司写的，是写给里奇先生看的。我想通过这种写作表明我对广告的了解。文章一见报，我就把它们寄给了里奇先生。

经过三个星期的"轰炸"，我终于收到了斯威福特公司发来的电报，他们让我去芝加哥。我去了，但我还没有打定主意接受这个职位。我比以前更加意识到，离开大激流市，我会很孤单。但我还没有完成征服任务，所以我还是上路了。

我们没有讨论薪水的问题，那还不是时候。我的想法是，要向他们流露出我要的是一个他们不可能接受的高薪。我这样做了，L.F. 斯威福特先生（时任总裁 G.F. 斯威福特先生的儿子，现任公司总裁）断然拒绝了。他既没有读过我的推荐信，也没有读过我发表的文章，我没有给他留下任何印象，他唯一考虑的是我对薪水的要求。

于是，里奇先生建议当天下午再开一次会研究一下。他请我到外面去吃午饭，在饭桌上他像一个父亲一样和我说话。他向我指明，我现在的生活圈子是多么小，如果不改变，那将来就还是无法拓展。斯威福特公司给我提供的职位会成为我的履历中最重要的一环，他们有很多商品要做广告，我的前途将不可限量。他告诉我拒绝这样的机会有多愚蠢，最终我听从了他的劝说。午餐后我回去了，接受了他们开给我的薪水，同意在三个星期内上班。

第二天早上，我回到大激流市的家，在门廊和家人见了面。我家门前有遮天蔽日的大树，院子里有许多花草。我拿它们和牲畜饲养场比较，那里只能看到肮脏的牲口棚和猪圈，而且去办公室的路有一段非常泥泞，我又后悔我的决定了，我付出的代价好像太大了。如果不是已经做出了承诺，那个早晨我肯定会回去继续过我安静而平淡的生活。而现在，时间已经过了 30 年，我依然认为那个早晨我应该回家。

三个星期后，我去了芝加哥。我在第四十三大街找到一间屋子，因为那里有车开往饲养场。房间很小，很黑，也很脏乱，我必须跨过我的大箱子才能上床。在衣柜上我放了一张照片，是我在大激流市的家，但只有把那张照片翻过去对着墙时，我才能入睡。

第二天早上，我去了饲养场，正式开始了我的工作。里奇先生不在，于是我被引见给 L.F. 斯威福特先生，不过他根本不记得我。

我说："三个星期以前，您雇了我做广告经理。"

"是吗？"他说，"我完全忘记了。如果你真的被录用了，那就去找豪威吧。"

我孤身而来，却受到了这样的接待，对我这样一个骄傲自大、自认为很重要的人来说，对我这个从小地方来、却在当地人人皆知的人来说，这种待遇让我有了一种受挫感。

但我受到的冷遇还是超乎了我的预料。我被录用时，当时的总裁 G.F. 斯威福特先生在欧洲。那是他第一次休假旅行，但他受不了这种旅行，很快就回来了。他马上就问我在他的办公室里干什么，当他知道我是来花他的钱的时候，马上就表现出不喜欢我的态度，而且此后一直未变。

他立刻就做出了安排，让我的职位变得岌岌可危。他的公司不是靠印发广告创建起来的，他不迎合任何人，也不请求别人购买他的产品，全靠实力去争取顾客。他的经营活动不需要一个广告人，就和一个将军不需要有一个诗人在身边一样。

他使我的工作变得很艰难。我来自一个很有人情味的工作环境，办公室里的人都是朋友，而在这里我如同进入了一个战场。办公室的里里外外，不管什么想法，只要跟经营相关，都会引起矛盾和冲突。与今天的情况相比，30 年前的食品加工行业可是大不相同。

G.F. 斯威福特先生是个非常虔诚的教徒，我相信他做事是有道理的，而他自己也坚信这一点。当时经营公司就和打仗一样，没有人想给对方喘息的机会，也没有人讨饶，这样的氛围后来让公司的名声变得很坏，而他也成了一个十足的独裁者。

G.F. 斯威福特先生是个好斗的人，我就是他的一个靶子。我在他眼中就是一笔愚蠢的支出，又是在他外出旅行的时候被塞进公司的，目的就是挥霍他辛苦挣来的钱，因此我就必须承担后果。很多人一听他说话就吓得发抖，我是抖得最厉害的那一个。

G.F. 斯威福特先生认为广告就是在冷藏车上画标志，这些车到处跑，车跑到哪儿广告就做到哪儿，只要广告词足够光彩夺目，就是好广告。可我的广告词永远不够闪光。

接下来就是做广告年历，他对这类东西有一些很固执的想法，可我从来不同意这些想法。当然我也无法实现他的想法，因而也得不到他的欢心。

有一天，他让我拍一张牛肉的侧面照片，准备挂在他的肉食厂里。我觉得这对我来说是一次至关重要的测试，所以我找来了六七个摄影师，从仓库里找出最好的半扇牛肉来拍照。第二天早上，我拿了一些照片给他看，请他在其中挑一张。

没过一会儿，我看见 G.F. 斯威福特先生怀里抱着那堆照片从他的办公室里冲了出来，就像一头愤怒的公牛。他冲向我的桌子，在离我 6 米多的地方停了下来，把那堆照片扔给了我。

然后他走过来说："你觉得照片上这些东西看上去像牛肉吗？它们怎么没有颜色？你觉得会有人想要黑乎乎的牛肉吗？"

我解释说，那些照片不是彩色的。接着他就说："我知道有个姑娘可以画彩色牛肉，我可以让她做这个工作。"就这样，那个姑娘在我们的办公室里也有了一席之地，而且她的处境比我好多了。

那时，斯威福特公司主要的广告项目就是为"康托苏特"做宣传。而一家名叫费尔班克的公司已在做"康托莱尼"的广告，而且发展得很快。我那时候最重要的工作就是跟这家公司竞争。

“康托苏特”和“康托莱尼”都是人工合成猪油的品牌，里面的成分有棉籽油和牛板油。它们作为烹饪用的猪油和黄油的替代品供应上市，但价格要低很多。

“康托莱尼”是最早的产品，它一开始就声势很大，优势明显。而我既然是公司的广告人员，大家就希望我马上接手，并想出办法一举击败“康托莱尼”。那种情形在今天有点像一种普通香皂要与“象牙牌”香皂竞争一样。

我们在波士顿开设了一个分销处，并开始在新英格兰地区做广告，但我们在那里的业务几乎还没开始。有一天，L.F. 斯威福特先生来到我的办公桌前，说：“我父亲对在广告上花这么多钱很紧张，他认为这是极大的浪费。到现在为止广告效果还不明显。你到这里都快六个星期了，但是我们在‘康托苏特’上的销售额几乎没有什么增长。”

我没有必要向他解释，他也知道我们的广告运作几乎还没开始，但我意识到我必须用一些立竿见影的方法来帮助他解决现在的麻烦。

那天吃完晚餐，我在大街上散步时，试图分析自己目前的处境。我曾在大激流市取得了很大的成功，可在这里却步履维艰。原因是什么呢？我过去做事得来的经验教训，有哪些可以用来解决斯威福特公司的问题？

午夜时分，在印第安纳大街上，我想到了一个主意。在大激流市，我创造过轰动效应，提出过诱人的点子。我没有直接对人们说“购买我品牌的产品而不是其他品牌的产品”，我只是给他们提供一些诱人的条件，让他们很自然地掏钱购买。

为什么我不能把这个方针应用于“康托苏特”呢？罗斯切德公司那时刚刚建完一个新商场，在两个星期后会有一个开业典礼。我认识他们的广告经理查尔斯·琼斯先生，我决定去找他，给他的开业典礼添一点轰动效应。

第二天我就这么做了。他的百货店在五层，有一面很大的临街玻璃窗，我请他允许我用那扇窗户做一次独特的展示。“我会在那里烤世界上最大的蛋糕，然后在报纸上大做广告。”我许诺说，“我会把它变成你开业典礼中最有趣的活动。”

我的想法是用“康托苏特”代替黄油做一个蛋糕，然后就可以宣布，一种比黄油还要好的产品当然比猪油更好。

琼斯先生接受了我的提议，然后我跑到隔壁做蛋糕生意的霍萨特公司，请他们烘焙这个蛋糕。我让他们特制一些必需的托盘，用最引人注目的方式装饰这个蛋糕，并把蛋糕做得像屋子那么高。他们照办了。

开业那天，我在报纸上发布了半个版面的广告，宣传那个世界上最大的蛋糕。那天是星期六，晚上商店就要开业了。晚饭后，我自己也准备去看那个蛋糕。可是离商店还很远时，我就被很多汽车堵在了国家大道上。我步行过去，前面是喧闹的人山人海，费了好半天的劲我才挤到门口。在每一个大门入口都有一名警察，而且有关部门已经关闭了大门，因为里面实在容纳不下更多人了。

在随后的一个星期里，有 10.5 万人爬四层楼梯去看那个蛋糕，电梯根本装不下那么多人。我派了促销员在那儿请商场的顾客试吃蛋糕，我们还给那些猜蛋糕重量答案最接近的人发奖品。不过谁要是想参与竞猜，就得先买一桶“康托苏特”代用猪油。

那个星期的广告结果是，“康托苏特”在芝加哥的销售盈利了，我们赢得了几千名顾客。

接着我组织了一个小组，负责把我们的计划推行到东部的其他州。这个小组包括一个蛋糕烘焙师和装饰员、三个促销员及我自己。我们去了波士顿，在库柏、贝兹暨叶尔萨商店做了展览，但还没到中午商店就把我们赶走了，因为来的人实在太多了，他们自己的生意一点也没法做。

我们又去了纽约州地区，在每一个城市我们都学到了一些扩大战果的新方法。我们总是找当地最有名的烘焙师，给他看我们在其他地方做活动的新闻报道。我们答应让他来烤这个蛋糕，而且在广告中大力地帮他做宣传，说明他是蛋糕的烘焙师，条件是他要买一车“康托苏特”代用猪油，有的时候是两车。我们又跑去找最有名的百货店，给负责人看我们蛋糕秀的结果，然后我们答应只要他买一车听装“康托苏特”，我们就把这个蛋糕放在他的店里展示。

无论我们去哪里，我们都先卖出足够的“康托苏特”，以保证我们能有利润。然后我们雇人带着报纸在最主要的大街上叫卖：“晚报，晚报，大蛋糕的最新消息。”结果，人们像洪水一样涌进了展示大蛋糕的商店。于是在每一个城市，我们都赢得了数以千计的长期顾客。

最后，我们来到克利夫兰，那儿有一个公共集市。我们在那里没法再整车整车地把货卖给某个食品店主。于是我们和集市的管理者谈妥，借用他们的乐队和报纸版面一个星期。结果，克利夫兰不得不动用一半警力来维持秩序，使人流能够挪动。集市里还拉了很多绳子分隔出通道，我很怀疑那一个星期其他摊点是否能卖出货物，不过我们自己当然是卖了很多“康托苏特”。

回到芝加哥后，L.F. 斯威福特先生对我说：“这是我所知道的最了不起的广告促销活动，我和我父亲都认为你干得很漂亮。”

就这样，我赢得了斯威福特公司的信任。

有很多人说，那并不是广告。对于他们而言，广告是一些印制精美、像模像样的文字。但是，一般意义上的精美并不会产生多大影响。如果你想推销产品，那你就要学那些推销员，学那些兜售假冒伪劣产品的小商贩。世界上的任何言辞都无法与生动精彩的演示相提并论。

我无法认同那些认为仅靠漂亮的词句就可以盈利的人。我曾花了好几个小时听他们讲述自己的观点，他们也许会把一套完整的礼服说成是最漂亮的潜水衣。华而不实的人是不可能从别人那里赚到钱的。推销产品的方法就在于把它们卖出去，这种推销要靠试用品和演示，你所做的演示越吸引人，收到的效果就越好。在广告业中获得成功的人并不是那些有良好教养的人，也不是那些小心翼翼力图做出有礼貌样子、避免自己显得粗鲁的人，而是那些知道应该怎样激发淳朴大众热情的人。这两者的区别就像查理·卓别林与罗伯特·曼特尔①的区别，或者说是《舞会之后》②与《月光奏鸣曲》③之间的区别。如果我们想推销产品，那我们就要寄希望于那些成千上万的普通购买者。

---

① 著名的莎士比亚戏剧演员。

② 1892 年由查尔斯·哈里斯创作的一首华尔兹曲调的流行歌曲。

③ 1801 年由贝多芬创作的古典音乐。

面对面销售

尽管我获得了成功，但当我的广告诉求不再有说服力的时候，我和斯威福特公司之间又有了麻烦。“康托莱尼”牌代用猪油降低了价格。我们最大的市场之一是面点烘焙师，他们知道“康托莱尼”与“康托苏特”是完全一样的产品，他们可不想花更多的钱。

斯威福特公司的业务是在竞争中建立和发展起来的，只要可以吸引到顾客，他们可以承受任何代价，哪怕让自己产品的价格低于市场价。

我曾经设定了一个价位，每磅“康托苏特”比“康托莱尼”贵 1.5 美分。那是可以获得利润的价格，我可以让普通消费者接受这个价格。但是和面包房的交易也构成了我们生意的很大一部分。我们在波士顿有一个办事处，每月的支出约为 2000 美元。里奇先生负责那里的工作，他手下有 6 个推销员，由于我们在那里创造出了需求，所以他们在向杂货店进行推销时倒也不怎么费劲。但当他们以较高的价格向面点烘焙师推销时，成绩几乎是零。

一天，斯威福特先生把我叫到他的办公室说："这是从波士顿来的信，我完全同意他们的建议。他们卖不动产品。按你为我们的产品定的价格，他们没办法推销出去。"

"他们说得不对，"我回答道，"真正的推销技巧跟价格没有关系！我就是定价高一点也能把产品卖给消费者，为什么他们就不能卖给面包房呢？"

斯威福特先生问道："那你能做到吗？"

"我能。"我回答说。只要按照我说的准则去做，我就能将"康托苏特"像卖给普通消费者一样卖给面包房。

"那么，"他又问，"你什么时候去波士顿？"

"我可以在两个星期后去，"我说，"我还有很多工作要交代。"

"你可不可以今天下午就去？"他问，"这是很紧急的事。我们在波士顿损失了很多钱。我想在我们采取下一步行动之前做一下判断。"

"我今天下午就去。"我说。回到办公室，我发现办公桌上堆积了很多待处理的重要公务。我让我的助手去照看一下，然后我拿起桌上一张刚提交上来的画着糕饼图片的街车广告牌校样，就出发了。

到达波士顿后我见到了里奇先生，他非常沮丧，一副破罐子破摔的样子。他把对斯威福特先生讲过的话又对我讲了一遍，说我的营销方式是纸上谈兵。没有人能在“康托苏特”比“康托莱尼”贵的情况下把它卖出去，没有哪个推销员能够做到。

我说：“对谁你推销不出去，给我几个名字。”

里奇先生说：“身边的人都是，对谁我们也卖不出去。”

“告诉我一家。”我说。

“好吧，你可以找切尔西的福克斯糕饼公司，”他回答说，“这是我们周围最大的一家。”

“马上带我去找他们。”我说。

里奇先生照办了。我们到达那里，看见福克斯先生正挽起袖子烤制东西，我们等了他一会儿。

当他过来和我们打招呼的时候，我发现他带着一种好斗的情绪。他正忙着，而且他知道我们手里没有他想要的东西。看得出，他打算用很短的时间把我们打发走。

但我像一个老熟人一样和他打招呼。我说：“我是斯威福特公司的广告经理，我从芝加哥来，想向您咨询一下您对这张广告牌的看法。”

我把那张广告牌放在大约15米开外，然后走回来请他看一看。我说："这张广告牌是用来展现完美糕饼的，花了我们一大笔钱。作画的人要了我们250美元，然后我们把这幅画刻在石头上，您看到的颜色是在石头上分别进行12次涂染以后形成的。"我把我所知道的程序尽可能详细地解释了出来。因为这和烘焙糕饼的工作完全不同，所以他非常感兴趣。

我对他说，在这些广告牌付印之前，我希望能够得到他的认同，他答应了。他是一个糕饼专家，我希望了解他对印在上面的那个糕饼的意见。

很快他就从一个面点烘焙师变成了一个评论家，我们开始讨论那个糕饼广告牌。每当我发现任何方面有一点毛病时，他都会为之辩护。以前任何时候，在任何情况下，从没有人这样向他请教过问题。他像我们所有人一样，很喜欢得到这样的待遇。

最后，他坚持说这张糕饼广告牌已经把糕饼表现得够好了，而且不可能更好。要是他能做出那样的糕饼，肯定可以赢得波士顿所有的糕饼业务。

于是我就劝他留下这张广告牌，我说："波士顿有多少商店在卖福克斯糕饼？"

"大约有1000家。"他答道。

我说："我可以为你做这种广告牌，并让它们进入每一家商店。你对我太好了，我要做点事来回报你，但我必须在这些广告牌上宣传‘康托苏特’。这样吧，我们在每张广告牌上都只说这样一句话：福克斯糕饼只用了‘康托苏特’让糕点酥松。如果你现在订货，且每买一车‘康托苏特’，那我就给你提供 250 张这种广告牌。”他同意交易，还订购了 4 车“康托苏特”，这样他就拿到了 1000 张糕饼广告牌。

接着我又去了普罗维登斯市，到阿尔特门糕饼厂，谈成了同样的交易。接着是纽黑文市，然后是哈特福德市、斯普林菲尔德市，以及其他所有新英格兰地区的大城市，我在每一个地方都取得了成功。我每到一处，都能推销出一大批“康托苏特”给当地最有名的面包房。虽然相比于买“康托莱尼”，他们要多付一点钱，但他们获得了更明显的宣传优势。

我回到了波士顿，带回了一大批“康托苏特”的订单，比那 6 个推销员在 6 个星期里卖出去的总和还多，但是里奇先生对此表现出不屑。

“你并不是在卖‘康托苏特’，”他说，“你是在卖糕饼广告牌。如果没有这种优惠条件，我看你还能干些什么。我们最大的一个客户是曼斯菲尔德烘焙公司，在马萨诸塞州斯普林菲尔德市。在那儿，你已经给了别人专属的广告牌，现在我想知道你能用一般的推销技巧做些什么。”

我立刻动身去斯普林菲尔德市，并在星期六傍晚到达。

我去了曼斯菲尔德烘焙公司，找到了正挽着袖子干活儿的泰迪·曼斯菲尔德。我一直等到他干完活儿才对他说：“泰迪，今晚我被邀出席一个商务会馆的晚宴，但我不想孤身一人前往。他们允许我再邀请一位客人，我想请你和我一起去。”

泰迪拒绝了，他说他从来没参加过晚宴，没有合适的衣服。我告诉他我会穿着见他时的那身衣服去赴宴，所以他最终同意了。

那天晚上对泰迪来说是难忘的一夜。他第一次有机会和城里的大人物们见面，他过得很开心。我们分开的时候，他对我非常友好。

在旅馆门口分开时，我对他说：“星期一上午我去找你，我有一些东西给你看，你会很感兴趣的。”

“最好别来，”他说，“今天晚上你对我实在太好了，我没有办法拒绝你的任何要求。但是我已经积压了40包‘康托苏特’在储藏室里，你也知道我用不起它们。我很高兴再见到你，可是别再让我买‘康托苏特’了。”

星期一上午我找到泰迪，他像平常一样，正挽着袖子干活儿。我说：“泰迪，我不想和你谈‘康托苏特’，但我有一个建议。我是斯威福特公司的广告经理，我可以办到一些别人办不到的事。你的糕饼在斯普林菲尔德很有名，但在其他地方没有知名度。我想向你提一个建议，可以让曼斯菲尔德糕饼的广告从这儿一直做到芝加哥。”

然后我就将我的计划和盘托出。如果他能订购两车“康托苏特”，我就在运货车的两侧都涂上标记和文字，向世人宣告——斯普林菲尔德的曼斯菲尔德烘焙公司用“康托苏特”烘焙所有的糕饼。我对他说：“不是在车厢的一边，而是两边，每辆车都这样，1400多千米沿线运货车两侧的人都会知道你的糕饼。”

这个点子泰迪很感兴趣，就像过去和后来吸引过很多广告主的点子一样。有人说这个点子太傻了，但是与“让每个人都知道你的名字”这样的点子相比，这并不算傻。泰迪是那个时代广告主的一个典型代表，他的愿望就是传播他的名声。他接受了我的条件。一个星期内运货车就到了，我和他一起去接货。当他看到车上宣传曼斯菲尔德糕饼的广告从1400多千米外的芝加哥一路做到这里，他简直乐坏了，我很少看见哪个人像他那天那样高兴。

我在一个星期里卖出去的“康托苏特”比6个推销员在6个星期里卖出去的还要多，而且没有一个买家抱怨价格。斯威福特先生打电话给我，让我把波士顿办事处的所有职员都炒掉，但我请他等我回去向他解释了我的方法之后再做决定。

见到斯威福特先生后，我说：“我不是在卖‘康托苏特’，我们并没有谈到‘康托苏特’。我卖的是糕饼广告牌和营销方案，‘康托苏特’和它们是一体的。”

“那么我希望你能教会公司其他人这么做。”

“这种东西没法教。”我回答说。我现在还是这种观点。我们对推销的概念有完全不同的理解。一般的推销员公开寻求别人的帮忙，追求自己的利益，他们会乞求顾客：“买我的产品吧，别买别人的。”他在自私的人们面前提出了自私的请求，当然会受到抵制。

而我销售的是服务，我谈话的全部出发点都是帮面包房获得更多的业务。至于我得到的好处，则被藏在我努力取悦他们的服务之下。

我总是把这套营销原则应用于广告，我从来不请求人们购买，甚至很少提到我的产品在经销商那里有卖，我也很少在广告中提到价格。我策划的广告全都是在提供服务，也许还免费赠送试用品或正品，这些听上去都是让顾客得到实惠的。人们总是希望别人能为自己做点什么，这样的广告恰好促使人们关注我们的产品，直至他们积极地行动起来。任何自私自利的诉求都做不到这一点。

今天，同样的原则被广泛应用在上门推销上。卖刷子的人打电话给家庭主妇，说要送她们一把刷子做礼物；铝制品推销商会送上一个盘子；咖啡推销员第一次上门时会送上半磅免费的咖啡供试饮。这些试用品总是很受欢迎，所有的家庭主妇都既高兴又感兴趣。于是，很自然地，她们会对推销员的善意作出回应，即想办法购买产品。

真空吸尘器的制造商提出给家庭用户送去一台机器，供他们用一个星期；电动机制造商提出送去一台机器试用一个星期，帮用户带动缝纫机或是风扇；雪茄制造商会向任何开口索要雪茄的人提供几盒免费试用品。他们说："先抽上 10 根，如果你愿意，剩下的那些再付钱给我们。这种试抽不用你花一点钱。"只要对方愿意，任何种类的产品都可以提供试用品。卖出的东西都可以退货。所有好的推销方法，**无论是平面广告推销还是面对面推销，都是建立在某种吸引人的服务上的。**

好的推销员会进行一番研究，努力使自己的诉求具有吸引力。一个人说："先付款后发货，如果对产品不满意，可以退货。"另一个人会说："不必现在付钱，我会送一些试用品给你，你想要就再订货，不想要就退货。"

我通过邮购方式买了很多书。在有些杂志上，几乎每一期的书籍推荐都有我想看的书。书的广告并不说"给我们寄钱来"，要是它们这样说，我会买得很少。因为我的支票簿放在办公室里，到第二天，我会因各种各样的原因忘记要买那本书。不过广告提出可以先把书寄给我看看，我只要把优惠券从杂志上撕下来装进口袋，第二天把它寄出去就行了。

在我做广告的头几年里，这些推销方式还很新颖。我相信我是少数几个把它应用到实践中的人之一。当然，毫无疑问，很多类似技巧的应用都是我开创的。我从不试图推销什么东西，即便是在为零售店做的广告里也是这样。我总是给别人提供好处，我只是讲服务、好处、愉快、礼物，而不讲我个人的利益。

挨家挨户推销的人一定要应用这些原则，否则销量会极为有限。邮购广告主也是这样，他们这样做的结果有目共睹。可是有些广告主只是盲目推进不看结果，导致他们忽略了这些原则。我们随处都可以看到只大声吆喝品牌名称的广告主，他们说:“买我的品牌吧，保证货真价实！”他们满足私欲的意图是如此明显。这样的广告在某些时候可能会有一些效果，但永远不会像那些看上去毫无私心的诉求那样有更大的收益。

但斯威福特公司拒绝送出任何赠品，我从来不能派发试用品。我们做过羊毛肥皂、洗衣粉、早餐香肠、火腿、咸肉、人造黄油的广告，可以说做得相当成功。但是我逐渐认识到，在公司的种种限制下，任何真正的成功都是不可能的。从那时起这么多年过去了，我越来越坚信我的看法。食品加工公司其实有很多利润丰厚的产品可以做广告，但除了极个别的公司，我还没有看到哪家食品加工公司在广告上有所建树。所有的广告机会都是因为自私自利而失去的。他们一向把做生意当作打仗，他们的原则是：推销方式要强硬，击败竞争对手要靠压价。现在，虽说这种观点实际上已经发生了很大变化，但这种变化还不足以使这些食品加工公司成为合格的广告主。换句话说，相对于大量存在的机会，食品加工业还没有在广告上取得足够的成功。

在饲养场的日子里，我的销售构想受到了各种条文的限制。我发现想要实现理想，必须从那里逃出来，于是我开始了新的探索。

药品广告

下面来谈一谈那些我现在已经不再赞同的广告方式。30年前，药品广告给广告创意人员提供了很多的机会，这也是对他们技能的重要考验。如果没有创造出需求，那药品就是一文不值的东西。就算一分钱一瓶，药房也不会大量进货，一切都有赖于广告。

对广告创意人员来说，药品广告所带来的考验就像邮购广告一样，非常具有挑战性。他的能力可以通过产品销售的盈亏很快反映出来。他要么把产品以赚钱的方式卖出去，要么就卖不出去。推销员、批发商或行政人员都帮不上什么忙。要是卖面粉、燕麦片或肥皂的话，你可以向经销商压货，也可以依靠提供优惠等刺激手段来提高销量。生活必需品的销售会受到很多因素的影响，有时候很难衡量广告的作用到底有多大。但对药品来说不是这样，对于药品销售，广告就是一切。

正因为如此，我那个时代最出色的广告人都从药品广告中受益良多。尽管所有人都通过考核结业了，但他们也都意识到，药品广告真的会让他们使尽浑身解数，它会将不适应竞争的人淘汰出局，而优胜者则会得到更多的报偿和更美好的前途，其他行业很少能给他们这样的考验。像这样置人于炉火之上的广告业务，在今天就只有某些邮购广告可以相提并论。

那时，药品广告是广告业务的主力，最好的杂志也刊登药品广告，几乎没有人质疑它们的合法性。在我做食品加工业广告的时代，没有人想过这一点，相比之下，人们宁可去关心铁路降价或员工票这类的事情。在回顾药品广告时，我们不能忘了，经验和教育是如何改变理念和准则的。

历史上的任何邪恶都有它“合理”的借口。药品制造商中有很多自视甚高的人，他们认为自己是在为受苦受难的人服务，为他们提供解除常见痛苦的灵丹妙药，而且价钱还特别低，他们是在帮助那些没钱去医院的人。他们有很多理由，每个药品制造商都收到了成千上万的证言。我至今仍然相信，那些药品制造商做的好事要比坏事多，尽管那些好事很大程度上是精神作用的结果。

但医学有了进步，医生已经不再只是简单地给人开药。我们开始认识到，要救治别人，首先需要有诊断，要找到真正的病因，而不是头痛医头，脚痛医脚。在大多数情况下，鼓励大家自己找药吃是很不明智的。

我在很多年前就得出了这样的结论。除了一些用于头疼脑热等小毛病的简单疗法和药品，我已经有 17 年多不曾为药品做广告了，在任何情况下我都不会再这样做了。就在我写这段话之前，我刚刚拒绝了为一种药品做广告的机会，费用可是 90 万美元！我的这种看法非常坚决，就像我们现在看到的，任何人都不会为有悖于公众利益的东西做广告。

所以请记住，我在这里说的事发生在很多年以前。不过，在广告方面，它和现存的原则与实践是一致的。我对那些高高在上的人的了解，远远比不上对普通大众的了解多。我是在和广告打交道，讨论的是适合所有背景和时代的广告原则。至于从公众的利益考虑，什么东西可以做广告，这不是我在这里要探讨的议题。

在为斯威福特公司工作期间，我写了一篇关于专利药品广告的文章，引起了威斯康星州拉辛市的舒普医生的注意。在那个时候，他通过代理机构卖药，自己并不做药店销售。那家代理机构做得越来越差，所以他正在想办法让自己的产品进入药店。他写信约我去见他。

由于食品加工公司条条框框的限制，我那时很怕再做食品广告。我知道药品能为一个广告人提供极其巨大的成功机会，所以我去了拉辛市，和舒普医生进行了探讨，并最终接受了他的条件。

我发现有些药品是由代理商专营的，药店里一瓶也见不到，普通代理商很难生存，这块业务很快就要奄奄一息了。我的任务是创造需求，让药店自愿销售这些药品。要是没有我那种做过零售的经验，无论是谁都不能完成这个任务。

我和舒普医生夜以继日地讨论我们当时的境遇。我告诉他，我过去广告的做法都是在做一些和产品关系不大的创意。然后我提出了一个想法，我们的广告要有一个药剂师签字做质量担保。人们并不是在买药，他们买的是结果。几千米之外的很多广告主同样提供疗效担保，但那些担保词往往是由一些谁都不认识的人提供的。我的想法是要让生活在大家身边的药剂师来担保，人们都在他那里买东西，就由他来签疗效担保书。

我首先把这个计划用于一种止咳药，这种做法带来了巨大的成功。“这里有一种止咳药，大家买了没有任何风险。如果它像我们承诺的那样有效，那你花的钱与结果相比根本算不了什么。如果没有效果，那我们一分钱也不收。”就这样，市面上再也没有其他的止咳药能够与之竞争。

接着我又把这个方案用于其他药物，像舒普医生的康复药、风湿药等。我的方案简直像魔法，灵验极了。其他广告只是提供承诺，而我们则提供了一种肯定性。因此，我们获得了大量的订单。

我们的担保是以5美元买6瓶为前提的。很少会有人一下子需要用那么多，但我们的这种担保使他们对每一瓶的质量都信心十足，于是在这一行没有人能跟我们竞争。

在那些日子里，我们一直很小心谨慎，没有花钱在报纸上做广告。我们在人口超过1500人的城镇里挨家挨户地分发小册子。对不足1500人的村镇，我们则向户主邮寄我们的材料。那时还没有乡村邮寄呢，我收集到了美国和加拿大约86000个邮局里所有户主的名单。

我们那时使用过的一些方法现在已经派不上用场了，因为情况已经发生了变化。我们现在知道，对于我们想做的分销工作来说，报纸是成本最低的途径。那时我们长年累月地分发邮寄小册子，有时候一天就是40万册。

后来，我们不再这样做了，而是利用报纸。我们用过去三分之一的费用实现了同样的促销效果。开始时，我们每年在报纸广告上花费40万美元，这个数字使我们成为当时这个领域最大的广告主。

我想在这里强调的是，我提出的方案一直都是利他的。

我总是为顾客提供服务。每个人都可以试一试我的做法，一点风险都没有。你的收获或许会比我在这里说的还要大，即便做不到这一点，你付出的成本也微乎其微。当时在这个领域，没有哪种方法比这种做法更好。

在广告业和推销业中，有一些事总是要考虑的。从某种意义上说，一个人做生意总得比别人多提供一些溢价，他应该在某些方面有一些优势，比如质量、服务或其他某种条件，或者他能利用一些别人未曾注意到的事由制造一些似是而非的优势。仅仅大声叫卖某个产品名称或某个品牌名称是不够的。鼓动别人买你的东西而不买其他人的，这并不符合他们的意愿。一个人必须了解竞争对手，知道其他人是怎么开价的，知道人们想要什么。除非他确定优势明显是在自己这边，否则贸然挑起竞争是很不明智的。那些花钱小心翼翼的顾客不可能长期被愚弄，除非你知道怎么长期笼络顾客，否则不要轻易付出代价去争取他们。不要低估精打细算的老百姓的智力和他们获取信息的能力。

我在拉辛市待了6年半，每天早上7点钟开始上班。我们知道多做一点就能多一两分优势，毕竟我们处在一个广告业中历来竞争最激烈的领域里。我每天不仅仅是在办公室里工作，我家里也有一台打字机。尽管药品广告可以很好地检验一个人的广告技能，但我也只把它看作一个项目，所以我把办公室以外的时间全都放在了另外的业务上。

斯塔克广告代理公司负责舒普医生的广告，我设法与他们合作创作他们公司所有的广告文案。拉辛市是一个制造中心，所以下班后，我也试图在那里开拓新的客户。从每个客户那里，我都学到了很多东西。

斯塔克公司有一个客户是蒙哥马利·沃德公司，我为他们撰写文案，还指导他们创作广告，许多新的推销计划就此从我们手中诞生。我一贯反对不加区别地对待消费者。例如有一次，有位女顾客写信询问有关缝纫机的事。她只想买缝纫机，不想买别的。那时的通用方案就是寄发产品目录，而且对所有的咨询都是如此。我则强调应该像对待光顾商店的潜在顾客那样，有针对性地对待每一个咨询的顾客。于是我们就编写了一本关于缝纫机的特别目录，介绍了每一种产品的型号和价格。对每一名写信咨询的人，我们都会给他们提供所有正好住在他们附近的、买过我们缝纫机的人的姓名和地址。我们请他去看看那些机器，并和主人交流一下。

在这里我又学到了一条很有价值的广告原则。在大面积铺开的广告宣传活动中，我们太容易把大众当成一个整体不加区别地看待了。我们总想广撒种子，希望其中有一些可以生根发芽，但这太浪费了，根本不能带来利润。**我们必须着眼于个人，我们的广告面对个人必须像我们自己平时与人面**

对面一样，要以他们的特定需求为中心，就像每一个站在你面前的人都有特定需求一样。无论你的业务规模有多大，都要脚踏实地看待每一个个体，因为正是这些个体才使你的生意形成了规模。

喜立滋啤酒是我为斯塔克公司策划的另一个广告，它当时在所有啤酒品牌中排第五位。那时所有的啤酒商都标榜“纯啤酒”，他们把“纯”字写得特别大，后来又用双页把这个字写得更大。这种许诺给人留下的印象，就像鸭子游过水面一样，很快就了无痕迹了。

我去了一所酿酒学校，学习酿酒知识，但这对我一点帮助也没有。接着我又参观了一番啤酒厂，我看到在厚玻璃板的屋子里，啤酒从管子里滴出来。我问他们为什么要这样设计，他们说这些屋子里的空气都经过过滤，这样啤酒就可以在纯净的环境中冷却。我看到巨大的过滤器里装满了白木浆，他们向我解释那个装置是如何过滤啤酒的。他们又给我演示怎样每天清洗水泵和管道两次，以防止细菌污染，如何用机器把所有的瓶子洗 4 遍。他们还给我看自流井，虽然他们的工厂就在密歇根湖边，但他们还是要从 1200 多米深的地下取纯净水。他们还向我展示了存酒的大缸，啤酒在灌装销售之前要在这里存放 6 个月。

他们带我去参观实验室，给我看最早的酵母。那是经过

1200 次实验才得到的最佳口味的酵母，所有用于酿造喜立滋啤酒的酵母都发酵自最初的那块酵母。

我带着惊奇回到了办公室。我说："为什么你们不和大家说说这些事？为什么你们只是比赛喊啤酒'纯净'，看谁的嗓门儿高？为什么你们不说说酿造啤酒的这些程序？"

"为什么要说？"他们说，"我们的程序其实和别人的完全一样，不这样做谁也酿不出好啤酒。"

"可是，"我回答他们说，"别人谁都没讲过这个故事。凡是参观过啤酒厂的人都会对你们的酿酒工艺感到惊奇。把这个故事刊登出来，肯定会让所有人感兴趣的。"

于是我在报纸广告上把厚玻璃板屋子以及所有使啤酒达到纯净品质的工艺都进行了一番描述。我讲述了一个对所有优秀啤酒生产商来说都很普通但从没有人讲述过的故事，我让"纯净"有了形象切实的含义。在很短的几个月里，喜立滋啤酒的销量便与销量第一的啤酒相差无几了。直到现在，那次广告宣传都是我最为成功的案例之一，同时它也为我的其他项目提供了一种模式。我一次又一次地讲述那些简单的事实，那些事实是这一行业内所有生产商都司空见惯的，有些人甚至认为那不足挂齿。但是，哪个产品最先介绍这些事实，哪个产品就可以从中获得独一无二的领先优势。

这样的事情在很多行业都发生过。制造商过于熟悉自己的产品，常会画地为牢，看不出自己的工艺有什么特别之处。他并没有意识到，世界上有很多人都可能会为这种工艺着迷，在他看来稀松平常的东西也许会使他与别人有很大的区别。

这种情况在广告中经常出现。产品并不独特，并不包含特别巨大的优势，也许有无数的人能制造它。但是只要你先说出你为此付出的心血，说出别的制造商认为很平常、很不值一提的过程和特点，你的产品就可以成为这一行业成功的代表。将来如果其他产品也宣传这一过程，那它们就等于在为你做广告。做广告的产品很少不被别人模仿，很少有哪种产品具有绝对的领先优势，好的广告其实只是最早说出某些公认的事实而已。

柯蒂斯出版公司的赛勒斯·柯蒂斯先生曾给我讲过一个他和喜立滋啤酒广告活动的故事。他从来不喝啤酒，也从来不在他的《妇女之家》杂志上登载任何有关啤酒或其他酒类的文字。但有一次，他在列车的餐车上读到一本登有喜立滋啤酒广告的《生活》杂志，那个广告给他留下了很深的印象，他当时就要了一瓶啤酒，他很想尝一尝用如此美妙的纯净工艺制造出来的产品的味道。

吉姆·罗恩是我在拉辛市时的一个朋友。他是一个收入不高的公务员，爱上了一个教师，却结不起婚。不过，他有一个开发孵化器的想法，他认为如果能够深入挖掘这个点子，也许就可以挣到足够的钱结婚。

我对他说我会帮助他开发这个产品，我也那样做了。我读了大约 75 份孵化器的产品介绍和广告，它们看上去都差不多。所有的生产商都在讨好推销人员，希望他们选中自己的产品。我分析了这种形势，决定用一种独特的方式打入市场。

我找到了一个勤劳务实的养鸡人，请他允许我用他的名义写一本书。他是一个独来独往的人，从不在乎别人怎么说。他的这种个性在我的书中展露无遗。我用他的名义，以他给我的事例为题材写了一本书，但并未提示任何人买拉辛孵化器，我只是讲他的经历。他曾经尝试过所有的孵化器，深知它们存在的问题。他最终赚到了钱，而书里写的就是他找到的赚钱方法。他愿意帮助和鼓励那些希望像他那样取得成功的人，但他绝不会可怜那些不切实际、异想天开的人。

这样的诉求获得了成功，绝大多数考虑购买孵化器的人都读过五六种产品目录，可除了我的以外，其他的读上去都一样。我写的是一个有个性的、实干的人，他更多考虑的是服务而不是销售。如此一来，讲求实际、希望发财的人自然会追随他。

不过拉辛孵化器定价较高，很多人在将它和其他较便宜的产品做过一番比较后，对是否换用它又产生了犹豫。于是我建议罗恩先生开办一家新的公司，起名为贝莱城孵化器公司，用更低的价格和其他卖点来销售产品。

我们花了 10 天时间回复消费者对拉辛孵化器的咨询。遇到不想换用它的人，我们就推销贝莱城孵化器。这样我们就给孵化器的购买者提供了更多选择的机会。如果不那么做，即使付出最大的努力，我们仍然赚不到钱。就这样，业务发展了起来，到今天已经具备了相当规模。而据我所知，我们过去的那些竞争对手没有一个能坚持发展到现在。

我们在拉辛市还为很多其他产品策划过广告，如拉辛浴柜、拉辛冰箱等。这些广告都很出色，因为它们都是在有把握的情况下才做的，有创意且不重复他人。

拉辛鞋业公司制造优质的鞋子，这家公司位于芝加哥与密尔沃基市之间的皮革产地中心。当时，他们的鞋批发价是平均每双 2.15 美元。我组织了一个“拉辛俱乐部”，以优惠价向俱乐部会员出售拉辛鞋。我每卖给会员一双鞋，收他们 3 美元，有 6 种款式供他们选择。这些鞋在商店里要卖 3.5 ~ 5 美元。我这些鞋的平均进价是每双 2.15 美元，平均物流成本是每双 35 美分，所以我的平均纯利润是每双 50 美分。但成为我的会员需要付 25 美分的会员费，只有会员才享有这种购买权益。至于广告费，则从会员费中支出。每卖出一双鞋，我便随包裹寄出 12 张会员资格表和产品介绍册子，任何人只要能发展另外 12 个会员，也就是卖出 12 个会员资格，他就相当于以 25 美分的价格买下了一双鞋。一个会员资格可以买下一双售价 3 美元的鞋，每一双鞋还可能发展出另外 12 个会员资格，每个都值 25 美分。

广告帮我招来了几个会员，接着他们就成了我的推销员。这样，一点点广告就为我带来了很大的业务量。这种方法很快就让拉辛鞋业公司的产品供不应求，最后不得不推迟很多订单的供货时间。

这种做法也存在问题，那就是卖出去的鞋子不一定合脚，而我又担保鞋子一定合脚，由此造成的退货影响了我的利润。但是我从中学到了一种新的推销方式，我明白了不管是直销还是其他方式的销售，顾客是如何影响日后的收益的。

那时，我一直在全国各地做零售产品的广告营销。每一种产品我都先在当地进行试点推广，一旦找到可以带来大量盈利的销售方法，我就告诉其他的经销商。这些都是通过夜以继日的工作完成的，我一工作起来就睡意全无。我所有的理想就是找到引导人们购买的方法，而最后我确实找到了很多，这些方法都成了我日后成功的基础。

“立可舒”的营销经验

我在拉辛市的实践使我具备了做专利医药广告的独特经验，同时也使我名声大噪。我的手段很新，过去，患者的证言是这类产品广告常用的方法，但我从来不写那种东西。不负责任的夸夸其谈到处都是，但我的广告只说实在话：“试试这种止咳药，观察它的疗效。它没有副作用，如果它有效，咳嗽就会止住；如果无效，我们全额退款。你自己的药剂师会签名为你担保。”

这种诉求的力量是巨大的，几乎不会遭到什么抵制。从那时起，我主要的课题就是怎样表达这种诉求。如果我们能够提供某种让人说不出拒绝理由的东西，那么人们一般会接受它。无论我们在提供这些东西时多么慷慨大方、多么不设防，实践证明想进行公平交易的人很少会上当受骗。你应该设法保护自己不受损失，毕竟从别人那儿占点便宜是一些人的小心思。但是，如果我们能排除所有的条条框框，大胆地说“我们信任你”，那人性就会对这种信任给予公正的回报。我在广告业中所获得的经验表明，人们总的来说还是诚实的。

芝加哥有个人靠经销奥利弗打字机发了一笔小财，但他并不喜欢那个产品。他是个天生的广告主，一直在寻找一种合适的产品。

正当他在蒙特利尔建厂的时候，有人跑来告诉他，多伦多有一种杀菌剂，叫作泡利液态清新剂，加拿大有很多机构认可并使用它。它没做过任何广告，但有无数人知道它、使用它，而且它的效果非常好。

最终这个人被打动了，他去多伦多调查了这种产品，他看到一种气体杀菌剂，内服也没有害处。他访问了几百个用过这种产品的人，包括医院和教会组织，结果让他很兴奋。

他花了 10 万美元买下了这个产品的专卖权，把它的名字改为“立可舒”，接着他开始登广告，在市场上推销它。他找了一个广告人，和他签了一年的合同。第二年，他又找了另一个人来做。四年里他换了四个人，每个人都让他觉得很能干，可是结果却都非常糟糕。他在这个业务上投入的所有资金都打了水漂，他的公司也因此背上了很沉重的债务。他的资产负债表表明，他的亏损已达到 4.5 万美元。这也表明了大家在宣传推销专利产品上的经验和能力是多么缺乏。

但这个坚定的广告主并不灰心，他依然相信自己的产品，觉得肯定会有一个人能帮他成功。他说：“我们再努力干一年，这次我们一定能找到合适的人。”

在第四年的最后一天，他找了芝加哥所有的大广告公司，请每一个人推荐他们所知道的做这类产品广告的最佳人选。那个时候我是这个领域里最闪耀的明星，我相信所有人都会提到我的名字。

他最后一个电话是打给斯塔克先生的，他也向斯塔克先生问了同样的问题。正在此时，我发了一个电报给斯塔克先生，接受他的邀请在除夕夜与他共进晚餐。斯塔克先生给他看了电报，说：“这就是你要找的人。别人肯定也和你说过，不过他的老板是我的客户，我不能做任何有损他的利益的事。霍普金斯又是我的朋友，我可不能建议他考虑你那个毫无希望的提议。”

那个广告主回答说：“如果霍普金斯是你说的那种人，那他会自己把握的。今天晚上请让我和你们一起用餐，我要见见他。”

这是我第一次和“立可舒”打交道，它的推销者是个很有魅力的人，有着让人几乎无法抗拒的说服力。所以，尽管并不情愿，但我还是无法拒绝他第二天再见面的请求。

那天是新年，我很想待在家里。我们会面的“立可舒”办公室又脏又乱，地板和桌子是用粗糙的松木做的，供热来自一个布满灰尘的、烧木柴的圆形炉子，周围的一切让人沮丧，看来这家公司快破产了。我很后悔为这件事留在芝加哥过新年，因此，我们的会面既不愉快，也不让人受鼓舞。

但这个人，在经历了四年的失败后，仍然可以微笑，仍然打算重整旗鼓，他才不会因为我的态度而感到受挫呢。几天后，他跟着我到了拉辛市，接着他邀请我和他一起去多伦多旅行三天。我实在不愿意扫他的兴，而且我自己也想休息一下，于是接受了他的邀请。

在多伦多，他按照我的要求，为我安排了一辆车和一个向导。这三天，我访问了各种用过“立可舒”并深知其效果的机构和人群。他们讲给我听的那些故事，我闻所未闻。到第三天，我说：“我现在还有一个更重要的理由不能加入你们。我的名气不足以向全世界推荐这个产品，我不可能很恰当地做到这一点，所以还是请你把我忘了吧。”

但这个人很难拒绝，几天后他又来到了拉辛市，我们花了整夜时间讨论这个项目。到凌晨四点的时候，我被他的纠缠弄得筋疲力尽，又深为他提出的有关责任心的看法所打动，于是接受了他的初步计划。

我没有工资，因为他们已经没钱付我工资了。作为报酬，我会得到这个即将破产的公司四分之一的分红。我将离开我漂亮的办公室，来到金西大街上的一张松木办公桌；我将离开我的朋友们，而跑去和一群陌生人待在一起；我将失去在密歇根湖边一家酒店里的公寓，换来芝加哥一间月租45美元的房子；我太太也将因此不得不承担家务工作。为了保存我的积蓄，我不得不步行上班，省下坐车的钱。我有一台蒸汽汽车，这在拉辛市还是第一辆，也是我的乐趣所在，但我现在必须放弃了。

朋友们给我办了很多告别聚会，可是他们谈论的焦点都是我的愚蠢。他们派了一个代表陪我一起去芝加哥，一路上他都在说我很笨。我最亲密的朋友把我看得一无是处，他说对一个朋友最基本的要求是要具备良好的判断能力。

我敢肯定，没有任何人在投入一次新的冒险时比我当时所面对的处境更糟了。但在这里我想说，我生活中的每一项重大成就都是在别人的反对声中获得的。我的每一次行动，都使我获得了更多精神和物质上的满足，而这些都是从和我的朋友们的斗争中得来的。朋友们出面阻挠，也许是出于他们自己的私心，他们希望我能和他们待在一起。

我也遇到过其他大的危机，有时是比金钱或业务更重要的事。我总是要独自面对它们，总是不得不自己做决定，总是要反驳强大的反对意见。我在生活中的每一次重要的重新出发，都令我的朋友们费解，都会遭到他们的反对。我获得的那些巨大的胜利，包括精神上的快乐、金钱或其他物质上的收获，都伴随着大家的冷嘲热讽。

但我有这样的信念：平庸的人无法获得成功。能达到自己的目标或者真正感到幸福和满足的人很少，既然这样，我们为什么要让大多数人来决定我们生活中那些重大的事情呢?

我在很多方面都可以说是成功的，我非常幸福，生活得很充实。要是我按照朋友们的意见生活，我就不会获得这些幸福。

因此，我从来不乱给别人提建议。我们有自己的生活要过，有自己的事业要发展，我们无法对别人的理想和能力品头论足。有些人是软弱的，在一个重要的时刻给他泼冷水就有可能改变他们最终的道路。这样的话，那些发议论、给建议的人就要承担相应的责任。我可担不起这样的责任。从广告中我们知道我们的判断力是多么容易出问题，就算对我们最熟悉的事也一样。当我们试图给出一个建议时，我们很难做到公正。

就是在这样的背景下，我加入了“立可舒”，加入了一场几乎毫无取胜希望的游戏。有四个人已经在前四年里彻头彻尾地失败了。可是，就是在这样一件前途未卜的事上我押上了我的一切。

我整夜整夜地在林肯公园徘徊，试图想出一个办法。我还是坚持我原来的观点：比别人提供更多的服务，比别人给得更多，就一定可以取胜。

有一天早上，我到办公室后宣布："我有了一个取胜的办法，我们先自己掏钱买下第一批 50 美分的瓶装产品送给人试用。然后，我们向所有接受试用品的顾客承诺，只要他们一次购买 6 瓶售价 1 美元的产品，我们就提供疗效担保，并承担第一瓶的费用。如果他们在试用后决定接着用下去，那剩下的风险就由我们承担。"

我的合伙人极力反对。他说："我们现在已经快破产了，你的办法只会把我们弄得更惨。"

但我最终还是让他同意在伊利诺伊州的十多个小城市里试行我的计划。我们免费提供一瓶 50 美分的产品，对所有来索取免费产品的人，我们替他们向当地指定的一位药剂师订货，并且告诉他："我们来付这笔钱。"

然后对每一个要货的人，我们以 5 美元的价格卖给他们 6 个价值 1 美元的产品，药剂师会为此签名担保。如果他们对这 6 瓶产品的效果不满意，那我们会返还他们所有的钱。

想想看，这样的提议实在不可抗拒：一瓶 50 美分的免费试用品，然后是 5 美元买 6 瓶有担保的产品组合。"只要告诉你的药剂师你不满意，你就能无条件拿回所有的钱。"

对于这样的提议，任何一个理性的人都不会拒绝。大多数人都是理性的，我相信大多数人只要有需求，就会接受它。毕竟，我提出的条件很诱人，而我所提供的产品也无懈可击。

在那些做试点推广的城市里我们看到，每瓶试用品的成本是 18 美分，30 天后，平均每瓶试用品给我们带来了 90 美分的销售额。我们从销售中得到的利润会早早抵销我们该付的广告费，而有关担保所产生的各项开支，累积起来还不到我们销售额的 2%。

我从那些参加做广告的药剂师那里收集相关的销售结果，然后把相应文件发给其他有名的药剂师，每个城市选定一家，我还把其他专利药品的销售数据也提供给了他们。在每一封信中，我附上了一份合同，明确描述了即将开展的广告宣传活动，并承诺把所有索取免费试用品的顾客介绍到指定的商店，条件是他们必须向我们订货，订货的总额应该高于我们的广告费用。虽说他们订的是他们从来没有见过的产品，但我们通过信件从这些大药剂师那里得到的订单，累积起来超过了 10 万美元。然后我们带着这些订单去找我们的广告代理公司，对他们说："我们没有钱了，欠你们的 16000 美元没法偿还。但我们有这些优秀药剂师的订单，总数是 10 万美元。我们可以把相当于广告费的部分订单转让给你们，来抵付我们的广告费。要拿回我们欠你们的钱，这是唯一的办法，也是最安全的办法。”

广告代理商接受了我们的提议，因为他们别无选择。他们对我们经过验证的广告缺乏概念，也不明白我们的定位。他们开始运作这些广告，结果订单从各地蜂拥而至，就像我们在试点城市里做到的一样。第二年，有 150 万人向我们索取免费试用品。每份试用品的成本是 18 美分，这和我们在试点城市里的一样。平均每份试用品产生的销售额是 91 美分，比试点城市里的稍高一点。

我是 2 月份去的“立可舒”。当时我们没有什么钱，必须节省每一分钱才能付房租。在我们第一个财政年度，即从 7 月 1 日开始，我们的纯利润是 180 万美元。第二年，我们打入了欧洲市场。我们建立了伦敦办事处，在那里有 306 个雇员。我们在法国建起了工厂，在巴黎有了最漂亮的办公室。在两年的时间里，我们用了 17 种语言做广告，在全世界几乎所有国家销售“立可舒”。

杀菌剂是一种发展不平稳的产品，新产品不断淘汰旧产品。我们认识到了这一点，所以迅速发展了我们的业务。3 年内，我们趁热打铁拓展业务，向人们送出了近 500 万份 50 美分的试用品。至今“立可舒”的业务量仍然在持续增长，仍然还在赚钱。

我们成功的秘诀是什么呢？首先是我们有勇气放弃安稳，

追求创新；其次是我们给每一个寄回优惠券的人提供免费的价值 50 美分的试用品；最后是我们担保产品的效用。我们对自己的产品有信心，对顾客有信心。在整个过程中，我们咨询过的每一个人都说我们太冒险。每一个对我们指手画脚的人，每一个好为人师的人，最终都不屑地离开了我们。

我知道，要在广告和销售上取得成功还有其他的办法，但它们见效都太慢了，而且不保险。让别人给你机会，会面临很多困难；但是你给别人机会，那就容易得多。

我总是让别人来寻找并抓住机会。我仔细分析自己的营销方案，直到确信对方在交易中可以获得最大利益。这样我就拥有了人们很难忽视的东西。

我曾经被别人讹诈过很多钱，但是比起只想采用某个安全的方案所造成的损失，这种损失几乎是微不足道的。现在绝大多数优秀的商业人士也都认识到了这一点。从商店里买的任何东西都允许退货，通过邮件订购的商品也是这样。无数的广告主只要获得对方同意就寄去产品，他们说“试用 10 天”，或是“先看看这些书”，或是“试抽 10 根烟，费用我们负担”。有的人不愿意采用这种方法，只想用安全的办法，结果他们会发现自己遇到了很大的麻烦，即使做到最好，他们的销售成本也必定会成倍地增加。

开启 17 年的广告公司生涯

我在“立可舒”度过了 5 年时间，那是艰苦奋斗的 5 年。我在各分公司间跑来跑去，在国内国外奔忙，而且在每个国家我都会遇到各种不同的问题。

一天晚上在巴黎，我找了一个有名的医生给我看病，他说我得了神经衰弱，还说：“要治好病，唯一的方法是回家休息。”

“我没有家，”我说，“我住在旅馆里，旅馆对我来说很像一个家，我想我待在这儿的旅馆也可以。”

但他坚持他的看法。这让我想起了在密歇根州斯普林湖边的那个果园，我小时候经常在那里干活儿。我还记得那里有一个名叫罗伯特·费里斯的人，我以前听说他建了一家旅馆。于是我给他发了封电报，想去他那里住一段时间。

我在纽约收到了他的回信。他的旅馆已经垮掉了，可是他还有几间农舍，装饰得很好，一切应有尽有。“你只要带着行李箱来就行了。”

于是我给他寄了一张支票，订下一间农舍，然后我就带着行李箱去了。有三个月的时间，我整天就是晒太阳、睡觉、玩乐，还有喝牛奶。接着我去了芝加哥，果断决定再也不那么拼命，以至于弄得自己神经衰弱了，我要过一种平静的生活。我请了一些朋友吃饭，打算就此告别生意圈。席间，我是快乐的人中最快乐的那一个。我不想无所事事，还是会继续工作，但我打算以后写广告只为名不再为利。

酒未过三巡，一个年轻人走到我身边说：“洛德暨托马斯广告公司的艾伯特·拉斯克先生要你下午给他打电话。”

我知道那是什么意思。在我看来，他是要我去开启新的为人服务的工作。现在的我太紧张了，太扭曲了，已经有点病态了，我觉得那意味着我将要夜以继日地工作，以及告诉别人怎样赚更多的钱。

我回头对坐在桌边的朋友们说：“拉斯克先生不能这样做，我已经完成了我的任务。我会去看他，因为我尊敬他，可他不能再引诱我掉到广告的泥坑里去了。”

我最终还是赴约了，拉斯克先生给我看了一份来自范·坎普食品加工公司的40万美元的合同。合同的签订条件是，保证交给范·坎普先生的文案能让他满意。

拉斯克先生说："我在全国范围内征集文案，这是我在纽约找到的一份文案，这份是从费城找到的。我花了好几千美元去发掘最好的文案，但是你来看看，这就是结果。无论你我，都不会把这些东西交上去。现在我请你帮我创作三条广告，然后用它们开展一场广告活动。你妻子可以沿着密歇根大街往下走，从街上任意挑选一辆车，我来付账。"

据我所知，还没有哪个人能够拒绝拉斯克，他似乎可以随心所欲地指挥这世界上的一切，连各种老总也都要和他结交，他看上的任何东西从来都不会落空。

所以我像其他人一样，在他的劝说下屈服了。我当天晚上就去了印第安纳波利斯，第二天我把调查员们都打发出去调查猪肉炖大豆这道菜的情况。我发现 94% 的家庭主妇自己烧猪肉炖大豆这道菜，只有 6% 的人愿意接受罐装的猪肉炖大豆。可是所有的猪肉炖大豆的广告仍然只是在叫卖："买我的品牌吧。"

我启动了一次反对家庭烧猪肉炖大豆这道菜的广告活动。当然，我得同时提供工业化制作的试用品。我讲到了在家里烧这道菜需要 16 个小时，讲到了为什么家庭主妇自己做的豆子不容易消化。我拍摄了在家里做的豆子：上面烤焦了，下面却烤成了泥糊糊。我告诉消费者我们怎样挑选豆子，怎样使用一种软化水，怎样在 245 摄氏度的蒸汽炉里花几小时进行烤制。然后，我提供了免费的试用品供消费者品尝比较。这场宣传攻势的结果是我们取得了极其巨大的成功。

不久后，其他人开始模仿我们的做法，市场上出现了其他品牌的替代品。我们的竞争对手试图通过强调他们品牌的方式达到目的。他们的宣传确实很起劲："把你付给别人的钱付给我们。"不过，这种诉求根本无法打动消费者。

这时，我脑子里猛然出现一个新口号："也试试我们竞争对手的产品。"我鼓励消费者去购买其他品牌的产品，把它们和范·坎普的产品做比较。这个诉求战胜了其他品牌。如果我们能够确定自己的优势，让大家都来做这样的比较，那么大家也就会放心地购买我们的产品。

这是另外一件需要考虑的重要事情。**只讲你自身的优势，你的顾客就总是有限的，但不自私地替你的顾客着想，他们会很自然地成群结队地跑来找你。**

广告最大的两个毛病就是夸大其词和自私自利。一个成功人士本能地会把他的成功之道讲给别人听。他可以告诉与他一起吃晚饭的人，毕竟那人碍于情面没法离席，只能洗耳恭听。但他不能指望把他的成功故事印刷成文后，别人还非读不可。他也不能以合理的成本，把自己的负担完全转嫁给别人。如果你告诉人们一切都是为他们谋福利，人们会先听听你怎么说，但如果你是想把对自己有利可图的事灌输给别人，那他们就会转身走人。这一点非常重要。我相信，90%的广告损失是因为用了炫耀的方式表现个人的目的。

即便是今天，大多数广告还是基于这样直白的诉求："买我的品牌吧。"这种诉求从来都打动不了人，而且将来也不会。没有一个杂货店的老板会说："到我的店里来吧，别去隔壁那家。"即便他头脑简单，他也绝不会那样做，但他会表现出自己的优势。可是，仍然有无数的广告主总是想花钱在广告上表现这种意图。

"我的产品最正宗""认明真货"，所有这些只是这种诉求的变形。"把你付给别人的钱付给我们"，这样的话无论如何都不会有什么作用。我们每个人都有太多的个人利益要考虑，以至于常常忽视别人的利益。一个人如果不愿意以利他之心为宗旨，尽力帮助他的顾客，那么他在广告上或是销售上就不会有立足之地。你我都不会心甘情愿地把自己的利益拱手让人，所以也不要指望别人和我们有多大区别。

请允许我用范·坎普这个例子来说明这些很常见的弊病。几个能干的广告人创作出了打动人心的广告文案，可是他们谁都不了解真正的市场形势。要是他们能够挨家挨户地走一走，去和家庭主妇们谈一谈，他们会得出完全不同的结论。不过这样做太麻烦了。他们服务的广告主对当前形势的了解和他们一样少，他们的整个方案只是用有趣的文案给人留下深刻印象。但他们从来骗不了拉斯克，他非常讲求实际。拉斯克知道，除非把商品卖出去，否则任何暂时的优势都不会起作用。所以他尽最大的努力，到处寻找可以把商品推销出去的人才。

让我在这里停顿一下，强调这样一个事实：广告主的个人偏好并不重要。取悦讨好那些对消费市场了解得比你还少的人，你可能会有一时的机会，但也可能会错过真正的机遇。正如我们刚才分析过的那样，人们做生意是为了获得利润，而不仅仅是为了探索某种理念。如果看不到利润，那他们的纸上谈兵也会灰飞烟灭。

我从来不跟客户交朋友，我在自己的生活中从没有真正获得过广告主的支持。尽管如此，我仍然尊重他们的地位。他们很希望事业有所发展，有所成功，这一点和我一样。不过，他们代表着卖方，而我必须站在消费者的立场上。这两种立场的区别就像地球的两极一样。

范·坎普的猪肉炖大豆并没有什么特别之处，它们和其他猪肉炖大豆一样。我们在范·坎普加工厂碰面的时候，他们拿出了五六个品牌的产品，在场的人没有一个能说出哪一个是范·坎普的产品。

但是我们说出了其他人从来没有说出过的事情。我们讲到了大豆是从特别的土壤中生长出来的，所有优质菜豆都必须生长在这种土壤里。我们讲到了范·坎普使用的利维斯顿石头番茄如何在藤上成熟，其实我们所有的竞争对手也都使用它们。我们讲到了我们如何分析每一批大豆原料，其实每一个罐装食品生产商都必须那样做。

我们讲到了我们的蒸汽炉，大豆要在里面以245摄氏度的高温烘烤几个小时。其实，这是做罐装食品的一般程序。我们讲到了我们怎样在软化水里煮大豆，去除使豆皮发硬的某种石灰质。其实，我们的对手也这么做。我们拍了大量的照片，豆子颗粒完整、圆润、松软、干爽。我们把它们和家制的大豆做比较，家制的大豆上面是焦脆的，下面是烂糊的。我们还解释了为什么家里烹制的大豆放久了会变酸，且不容易消化；我们使用密封容器生产制作，所以香味才不会流失。

我们讲的完全是每一个竞争对手都可以讲的事，可是他们都认为这种故事实在是太平常了。

后来我又注意到很多在城里上班的人吃午饭时会经常点猪肉炖大豆。这些菜都是工厂加工的。很明显，比起吃家里做的菜，这些人更喜欢吃工厂加工的菜，我也是这样。

于是我派人给饭馆和快餐店供应范·坎普的产品，很快就有几千个店铺中午供应我们的猪肉炖大豆。我们公布了这件事，告诉大家有多少家店在卖，估计每天有多少人跑到某处去吃范·坎普的食品，这引起了主妇们的注意。

家庭主妇们已经不再打算在家里烹制大豆了，毕竟做这道菜是一项漫长而又艰苦的工作。我们选定一些主妇——她们就是那94%的人群——教她们怎样轻松地改变习惯。我们给她们讲解和展示家庭烹制和工厂烤制的不同效果，告诉她们有多少在城里工作的人外出午餐时会点这道菜。

我们这样做自有道理。我们烹制的大豆可以比任何家庭主妇在家做得都好，但是我们不可能比竞争对手的好很多，所以我们针对最薄弱的地方发动攻势，使范·坎普的产品成为解决问题的方法。我们由此创造了巨大的市场需求，而且范·坎普品牌的产品价格还要比竞争对手的高很多。

后来，范·坎普公司开始生产炼乳。它们先是在一家工厂里生产，后来发展到了七八家工厂。范·坎普想为此做广告，可我们劝他还是打消这个念头。炼乳是一种标准化生产的产品，必须达到政府要求的特定标准。对天然产品或者标准化的产品来说，你很难具备或宣称具备某种优势。比如其他人也可以说："买我的鸡蛋吧，因为它们产自山区农场。"这还可以是黄油，或是猪油。为了让人们买某个品牌的基础日用产品，比如说某个品牌的面粉、燕麦或诸如此类的日用品，广告人不知胡乱浪费了多少钱。其实推销这些产品，他们所能说的一般就是："买我的品牌吧。把你付给别人的钱付给我，一定要让我拿到你的钱。”不过这些诉求对大众并没有多少吸引力。

我分析了炼乳的市场状况，发现如果不考虑广告因素的话，那么有些品牌已经统治和控制了一定的市场。而且，其中的一部分已经坚持了很多年，抵御了所有试图替代它们的竞争品牌。这其中唯一的原因就是它们是消费者熟悉的品牌，家庭主妇们总会买自己熟知的品牌。

于是我设计了一个方案，以便让范·坎普的炼乳为人们所熟知。在一幅整版广告上，我夹入了一张优惠券，人们可以持优惠券在任何商店里换一罐价值10美分的范·坎普炼乳，然后我们按零售价格向销售商付款。连续三个星期，我们反复告诉经销商们这个广告即将发布，同时，我们开始宣传范·坎普炼乳。

我们把这些广告的复印件发给所有的杂货销售商，并且告诉他们所有的顾客都会收到这样一份优惠券，这也就意味着他们必须确保范·坎普炼乳的存货充足。每一份优惠券意味着10美分的销售额，如果他们错失良机，那这些业务就会跑到竞争对手那里去。

这次活动的结果是，我们立刻覆盖了几乎整个市场。

我们在几个中等规模的城市试行了这个计划，然后进军纽约。那里的市场由一个竞争对手的品牌控制着，范·坎普产品的销量很有限。在三个星期内，通过给杂货商写信，我们就建起了97%的销售渠道。所有的杂货商都明白，他们必须做好应对这种优惠券的准备。

与此同时，我们在报纸上宣布优惠券即将面市。我们告诉家庭主妇们她们可以从这种炼乳中得到什么，试图劝说她们从瓶装牛奶转到炼乳上来。

接着，我们在星期天的一整版广告中夹入了优惠券，活动只在大纽约区进行。结果有146万张优惠券出现在各个商店，我们为此向杂货商们支付了14.6万美元。而在这一天当中，有146万个家庭在读了我们的广告之后品尝了范·坎普炼乳。

包括广告费用，这一次企业一共花了17.5万美元，而且大部分都花在了兑换优惠券上。不过，在不到9个月的时间里，我们就赚回了这笔钱，从此占据了纽约市场，而且从那以后，范·坎普每年都以巨额的销售额保住了这个市场。

把这种手段与挨家挨户派发试用品做一下比较。在后一种情况下，你是在推销一种别人并不需要或并不想要的产品，它没有什么魅力。那种试用品派发方式只会使你的产品显得廉价，商店也不会进太多存货，店主还会因为你白白送出了本该由他们销售的东西而心生不满。

在我们的策划下，杂货店必须进货，想得到赠品的主妇们也必须付出努力。她要是不读那些关于炼乳的文字，就不会了解赠品的事。如果她兑换了优惠券，那就说明那个广告使她产生了得到产品的欲望。杂货商会因为通过销售创造利润而感到高兴，主妇们在兑现优惠券时会发现范·坎普的产品有备货。这样，我们就会一个接着一个地占领市场，并且长期控制这些市场。没有哪个随意派发样品的厂家能在市场上产生这般影响力。你是在做表演还是真的想得到你想要的结果，这就是两者的不同之处。

很少有炼乳生产商能拥有全国范围的销售体系，因为他们生产不出足够的产品。所以，他们通常面对的问题是如何提高产量以及拓展当地市场。

当别的竞争对手也采用我们的试用装计划时，我们就要寻找新的方法了。那时候已经有成百万的家庭使用炼乳，每年的炼乳销售量大约是 2400 万箱。于是，我们面临的最大问题就成了如何成为一个主妇们熟悉的品牌。

在我们试图占领的一些新城市里，我们开始派发一份神秘礼物。我们宣布，只要家庭主妇寄回 6 张范·坎普罐装上的标签，我们就会给她寄一份礼物。或者我们在杂货店的橱窗里码上已经包好的礼物，却不公布它们是什么。主妇只要买上 6 罐范·坎普炼乳，就可以得到一份礼品。

好奇心是人性的一个重要方面，对女性更是如此。如果告诉她们礼物是什么，那有的人会愿意要，而更多的人未必愿意要。不过，人们都会想要一份神秘的礼物。

送这种礼物需要考虑一些因素。礼品不能让人失望，应该比一般能让主妇们感兴趣的东西还要好。另外，送礼物的方式应该比较隐蔽。

这次活动的目的是吸引大批女性购买6罐范·坎普炼乳。她们支付正常的价格，却可以多得一份礼物，这使这次购买变得很有吸引力。这份礼物的价值比我们的销售利润要高，但是牛奶是日常消费品，为了赢得一个新用户，付出多大代价都是值得的。6罐炼乳使范·坎普成为大家熟悉的品牌。消费者看了范·坎普的广告，对这个品牌颇有期待。在她需要时，她就会买范·坎普的产品。通过这种方式，我们占据并且拥有了很多大型市场。

读者也许会说这不过是通过派发试用品吸引顾客，是策划和销售，而不是多么高级的广告方式。我并不认同所谓高级的、正统的广告方式。我们是在经营只看结果的生意，世界上最好的高谈妙论如果不能有所收益，那也是完全没用的，而每年有上亿美元的金钱浪费在了无效的广告上。

我只想卖掉我所推销的东西，而且要赚到钱。我要看成本和利润。我们可以像艺术家和天才那样故作姿态，但那只能是昙花一现，商业圈里的人很快会让我们出局。所有那样做的人，最后都被淘汰了，至少我认识的人都无一例外。但是，一个务实的、以赚取利润为导向的广告人永远也不会失去魅力。

我们有时会碰到一些人，他们往往围绕不实用的点子做文章。他们想夸大自己的业绩，在某些方面他们的确取得了出众的成就。如果你愿意放弃所有实操性的想法，那你就可以轻易地取悦他们，因为广告对他们来说是一个迷宫。但是如果你真的这样做了，那你一定会失败。做生意的终极目标是利润，如果偏航到其他方面去找乐子，那么你很快就会一败涂地。

我曾经失去过很多客户，原因是我不肯过分包装某个企业，或是我不肯奉承某些人的自傲自大。但我发现，追求利润的人毕竟占了绝大多数，人们热切地希望能有新的赚钱方法。发现这些方法，知道怎样高效率地运用它们，那你的工作在任何时候都会具备比别人多十倍的价值。这不是华而不实的价值，不是让你的女朋友感叹“真是太美了”的那种东西，而是实实在在的销量。除了浮夸的人，大多数人都会选择这样的道路。

汽车广告

我最早的汽车广告写于 1899 年，是关于一辆在密尔沃基制造的蒸汽汽车的。我给这篇汽车广告的文案取名为《国王的运动》。我拥有的那种型号的车是拉辛市的第一辆汽车。拥有这辆车的第一天，它就让我破费了 300 美元，用来赔偿受惊吓的出租马车的挽马和一些别的损失。

我既是司机，又是修理工，启动这辆车要花上 30 分钟。如果我们要去赶一趟火车，那就必须考虑这一点，而且开车去做别的事情也要考虑这一点。不过比起让这辆车持续行驶，发动它还只是个小问题。如果我们开了 16 千米还没有抛锚，那真是天大的幸运。每次要去 40 千米外的密尔沃基，我们都是直接开到工厂去修车，很少当天就能把车开回来。

每开 16 千米我们就要停下来加一次水，然后我们需要再观察水温计。车子开动的时候要不停地加水，可是在那个时候，车子在路上走得实在太慢了，几乎供应不了足够的蒸汽。我们的座位就在水箱上面，我还记得夜里在泥泞的路上赶路，要一边走一边观察水箱，看着水位一点一点降下来，降到某一点时，我们相信水箱就要爆炸了，但我们为了节省脚程还是得继续开车赶路回家。在一个漆黑的夜晚坐在水箱上面等着它爆炸，心里还要想着前面有漫长的泥泞道路要走，这种滋味真是苦不堪言。

但这种经历使我成了汽车爱好者。从那时候起，我成功地为约 20 种汽车写过广告。

我刚开始在洛德暨托马斯广告公司工作时，休·查尔姆斯买下了托马斯－底特律汽车的股份，他跑来向我咨询。查尔姆斯先生是一个让人难以忘怀的人，据说他在国家收银机公司工作的时候，曾经是全美国收入最高的销售经理。我从他那里学到了很多销售技巧，而且后来我们共事多年，从未发生过分歧，对此我十分高兴。

那时，汽车广告的难题与今天的有所不同。这么多年来，世界就像一个万花筒一样，在不断发生变化，一个人要不断地学习才能跟得上它的节拍。

我突出宣传了当时查尔姆斯公司的总工程师霍华德·科芬。你会注意到，只要一有机会，我就会在广告活动中推出一个人，这种方法总能让人印象深刻。因为我发现，人们总是愿意与取得某种杰出成就的人打交道，而不愿与缺少灵魂的大型企业打交道。在广告活动中提及某个专家的名字，意味着这个人有着独特的能力和声望。他在公众中可能没有名气，和一般刚起步的人没什么区别，但如果是一家大公司来包装他，那人们就会对他满怀尊敬。他很快会很有名，然后他的名字会成为拥有巨大价值的排他性卖点。在我刚开始宣传霍华德·科芬的时候，他还默默无闻，后来广告使他声望倍增，而且在世界大战期间，他还被任命为飞机制造局的局长。

由于一些类似的原因，**某个人的名字通常要好过产品的名字，甚至远远好过一个商标。它使广告主显得像一个因自己的产品而自豪的人。**让一个人出名比让一个机构出名要容易得多。想想看，在戏剧、电影或其他作品中，有多少名人涌现出来，这些名人都是被刻意制造出来的。在商业营销中，道理也是一样的。

那时候，凯迪拉克和查尔姆斯的售价差不多，都是1500美元左右。不过，凯迪拉克的名声更久远一点，车型也漂亮得多，但是通过对霍华德·科芬的宣传，查尔姆斯有了完全不同的形象，这使它取得了成功。

在发展过程中，我们又遇到了新的情况。我们发现在大众中有一种印象在悄悄滋长，即汽车的利润似乎高出了正常标准。针对这种情况，我们用广告标题大张旗鼓地说："我们的利润是9%。"接着，我们又说明了很多隐藏零件的真实成本，一辆车的总成本超过700美元，还不算装饰部分，比如坐垫布套等。

这又提出了广告的一个重要原则——**让广告卖点更具体。**笼统概括、泛泛而谈的卖点给人留下的印象，就像蜻蜓点水一样不留痕迹。比如，"世界上最好的""长期以来最便宜的""最经济合算的"等，这些都无法说服人，消费者对这样的许诺早有预期。审查最严格谨慎的报纸、杂志也只是把它们当作推销员全力以赴的吹嘘。这不是是与非的问题，只是一种夸夸其谈。但这可能危害更大，因为它说明你的表达软弱无力，而且还会使你的产品大打折扣。

但是，当我们做出具体明确的承诺，说出真实的数据或事实时，我们提出的东西就具备了可以称量的特性。我们有可能说真话，也有可能撒谎，但人们并不太担心大企业说谎，他们知道我们不可能在最好的媒体上撒谎，所以我们的承诺可以赢得完全的信任。我将来还会在其他场合谈谈对广告诉求的内容做明确而具体的说明的好处。

哈德森公司是查尔姆斯公司的一个子公司，查尔姆斯先生在其中有股份。因为查尔姆斯公司在销售上配备的人手很多，所以又组建了哈德森公司。霍华德·科芬被调到了哈德森公司，我就在那里包装他，但这次我们做了更多的尝试。我们刊发了董事会的照片和名单，宣称其中有48位工程师。由此我们努力宣传哈德森公司在技术上的成就，这与当时的形势正好合拍。汽车生产在那时还不完善，出故障是常有的事，所以一般人在购买时会更多考虑技术的好坏，而不是其他因素。我们使哈德森在这方面具备了明显的优势。

这则广告为哈德森建立了一个坚实的基础。哈德森汽车取得了很大的成功，而且至今势头仍不减，其原因很大程度上就在于我们早年打下的基础。我为哈德森汽车做了7年广告，然后把它的业务转交给了我的一个门生，他继续采用非常相似的策略做广告。

大切诺基的故事听起来像个传奇。约翰·威利斯先生在纽约州的埃尔迈拉市经营着一家埃尔迈拉兵器公司，主要经销自行车。后来，汽车面世后，他拿到了大切诺基的代理权，在印第安纳波利斯开了一家经销代理公司。

大切诺基是那时为数不多的好车之一，在他的公司，大切诺基一辆接一辆地卖出，直到埃尔迈拉地区出现了需求远远大于供给的现象。威利斯先生不得不采用收订金的形式接受订货，他把订金寄到印第安纳波利斯，可是车子没有来，于是他想去印第安纳波利斯看个究竟。星期天早上他到了那里，在旅馆里会见了大切诺基的董事，董事们告诉他，他们已经破产了。前一天晚上他们就已经付不出工资了，还欠着大约 4.5 万美元，这笔钱是还不清了。威利斯先生也拿不回他的订金了，于是他就想办法拿到车。

他说："如果你们破产了，那就没法再开展这项业务了。"

"没有办法，"他们回答说，"我们正准备放弃。"

"那么，如果我可以继续经营，"威利斯先生说，"你们能不能把它转让给我，包括债务和别的东西？"

他们愿意转让。马上要发的工资是 450 美元，威利斯先生决定想办法筹集这笔钱。他从旅馆经理那里借了一些，自己又拿出了一些，第二天早上他把工人们叫到一起，把拖欠的工资付给他们。然后他说："赶快组装一辆车，把零件找齐，要快一点。我们必须弄到更多的钱。"

他们真的组装了一辆车。威利斯先生把它运到了在宾夕法尼亚州阿伦敦的一个朋友那里。他还随车附了一封信，大意如下："亲爱的阿尔伯特，我给你运了一辆大切诺基，即期汇票和装货票随信附上，你必须买下这辆车，因为我已经兑换了即期汇票，并且已经把钱花了。"

"亲爱的阿尔伯特"真的把车买了下来。接着他们又组装了一些车，并用同样的方法把车运出去，就这样约有五分之四的车被卖了出去。对车的需求越来越多，资金上的问题也越来越严重。

威利斯先生带着他那标志性的友好笑容去找债主了。他说:“要是你让我们关门倒闭，你就什么都得不到，因为我们那里什么都没有了。但是，给我一个机会，我会熬过困境，也会把欠你的钱都还给你。”债主们接受了这一提议，因为他们也没有别的解决办法。

威利斯先生又筹集到一笔数量很少的钱，继续维持经营。很快，工厂的生产能力就不足以应对日益扩大的市场需求了。他没有时间建新的厂房，于是搭建起了帐篷。我相信就在那些帐篷里，那个季度他挣了 36.5 万美元。

我不敢担保所有的数据都准确，我是凭记忆讲的，但其精髓千真万确，很能说明问题。

接着，威利斯先生决定回埃尔迈拉，并在那里建一家工厂，因为那里是他的家乡。那天晚上他正在刮胡子，准备去赶火车，他在托莱多市的代理商给他打来电话，告诉他在托莱多有一间名为波普 – 托莱多的工厂破产关张了。代理商说:“来看看吧。你会发现它的装备很好，有足够的钢材和零件，抵得上它们的价格。”

如此，威利斯就在托莱多停了下来。第二天，他到工厂里走了一圈，然后又去了纽约，把工厂买了下来。之后他又去了欧洲。回来以后，他看到手下的人已经把钢材卖出去了。

仅此一项所得，就远远超过了他买工厂的钱。

我在前面说过，这个故事讲得不一定完全准确，但是故事的精华部分都已经讲出来了，而且它验证了我的观点。

接下来的那个季度，我接手了大切诺基的广告，这是他们做的第一个广告。我分析形势，想找到这种车最引人注目的特点。但在我收集的所有资料中，只有那段传奇故事最能打动我，于是我的第一个广告主题就是“大切诺基的美妙故事”。我讲述了用户的需求如何使约翰·威利斯先生努力供应产品，以及需求如何不断增长，以至于最后不得不建起一个帐篷工厂来生产。

这个故事也很好地说明了一个广告原则。消费者如同羊群，他们无法判断价值，包括你我在内，大家在很大程度上是根据印象、潮流来判断事物的，大多数人都喜欢随大流。所以，我发现，**做广告最有效的方法就是抓住大众追随的潮流。**

这是一个不可忽视的因素。人们总是追随潮流和多数人的偏好，我们很少自己做决定，因为我们并不清楚真相。但当我们看到多数人选择了一个方向的时候，就很容易跟随他们。

我在广告中展现了人们是如何奔向大切诺基汽车的。我描述了需求怎样促使一个倒闭的企业获得了清偿能力，又怎样创造了一个帐篷城。这样的表现手法很给人启发，然后他们就开始跟随这种潮流。大切诺基汽车当时就成了世界上销量最大的汽车之一，直到今天也依然如此。

雷奥汽车的处境曾经也非常糟糕。在某个季度，产品根本卖不出去，销售实际上停止了，下一个季度的前景也难以预料。于是我被找来应对这场危机，而且应付各种危机已经成了我广告生涯的主要任务。风平浪静的时候，没有人会想到找我，而一旦他们渡过危机踏上坦途，几乎每个客户都会离我而去。

这在某种程度上也是我自己的错，因为我总是喜欢和危机打交道，能做领航员的时候我就绝不做船长。当一条广告大船平稳行驶的时候，我就对它完全失去了兴趣，一旦工作变得单调乏味，我就总想跳下这艘船，再去给另一艘船导航。再说，广告主也会厌倦老在同一条航线上跑，他会认为读者也跟他一样，把他的这条广告看了很多遍，所以在这个时候他就希望有一些变化。

我从来不同意这种观点。如果我觉得哪条航线正确，那我就希望保持航向。也许换种方法同样可以取得成功，甚至是更大的成功，但成功的概率极低，并不值得冒险投机。在任何行业，取得巨大成功的路都不会很多。如果某种方法已经证明可以赚钱，那我就不太愿意换掉它，除非我已经通过实地检验，发现并证实存在更好的销售方法。对一些人最为适用的销售方法，很可能也会在另一些人身上应验。

按照我的看法，每一个广告都应该讲述完整的内容，它应该包括所有有价值的事实和论点。我想，大多数人对每个故事都只读一遍，就像他们读新闻消息一样。我不知道他们有什么理由还要再读一遍，所以我希望他们只读一遍就能了解所有需要他们了解的事实。

任何一个完美的故事，如果一遍又一遍地讲下去，那肯定会让读者感到厌烦，也会让写作它们的人感到厌倦。作者和读者都会希望有点变化。

我研究了雷奥的问题，然后就开始思考应对之策。这辆车是由最早的汽车生产商之一的 R.E. 奥兹先生制造的。我考虑了这一点，也考虑了它目前的困境，以及造成目前这种形势的所有竞争因素，我想只有找到有效的破局方法才能帮助他们摆脱困境。

几天后，我告诉奥兹先生我会接手这个广告，但有三个条件。第一个条件是，他要把这种新车型命名为雷奥五世。这是为了有一个不同寻常的名字，同时也是为了强调我们有一种新的型号。

第二个条件是，奥兹先生要在广告上签名，以充分利用他的名气。我对他说我会写出一则令他自豪的广告，于是，他同意在广告上签名。

第三个条件是，他要宣称这部车是“我的告别车”。这是为了表明这款车是某种程度上的终极款，是他最满意的。“可是，”他答复说，“我还不想退休呢。”我说这并不重要，萨拉·伯恩哈特[1]做了7次告别巡回演出，他也可以有这么两三次。任何告别最终都是有可能改变的。

然后我们设计了题为“我的告别车”的广告，上面签着“设计师R.E.奥兹”。这个广告将他表现为一个非常朴实、有经验、有主见、为追求完美而不惜代价、把自己的名声看得比利润重很多的人。

从一开始，这次广告活动就取得了非同一般的成功，“雷奥五世”一下子就成了当年最引人注目的车型。雷奥公司迎来了一个新的时代，并最终发展成为当时工业界最有实力、最成功的公司之一。

但是由于另外的原因，我做过的最成功的汽车广告最后却成了一场灾难，那就是米切尔汽车的广告。那一次，我被召到那里去应对危机。像往常一样，我对汽车业的处境、目前的做法和未来的趋势做了大量的调研。我得出的结论是，最适合这条广告的主题词是效率。效率是当时行业里所有人

---

① 19世纪和20世纪初最有名的法国女演员之一。

都在谈论的流行话题。

米切尔公司有一位能干的效率专家，还有一个高效的工厂，所以我设计了“约翰·贝特：效率专家”的广告主题，讲述他的故事及工作方式。

那个广告活动也棒极了，我不知道还有哪个汽车广告能引起这么大的市场需求，销量以一种令人惊奇的速度增长，我拨动了大众的心弦，因为汽车买主们最关心的是由效率带来的经济性。很快，米切尔公司踏上了通往巨大成功的道路，它大规模地追加投资。但是，这种车最终的命运是失败。由于它的工程师偷工减料，在所有的细节上都没有做到位，几百辆车被退了回来。每一辆售出的车都使米切尔这个名字蒙羞，销量越多，损失就越大。这个原本非常成功的广告由于产品的缘故，惨遭失败。我们对推销的东西评价太高，这样的反差导致米切尔汽车臭名传千里，想恢复都不可能。这又成了广告的另一个教训。

1924 年，我被找去为斯图贝克汽车做广告。当时我离开汽车领域已有两三年的时间，我必须让自己对这一领域的情况再熟悉起来。这永远是有必要的。只有了解大众的意见，才能触动人们的心弦。

我花了几个星期的时间做研究。斯图贝克曾经非常成功，销售额成倍增长，资产和利润不断增加，使它成为股市上的黑马。我觉得这些令观望者受到鼓舞的事实，正是斯图贝克成功的一个主要因素，于是我决定在这个基础上展开工作。

最终，我还是开展了一次与以往非常类似的广告活动。我们公布了成倍增长的销售额，公布了他们拥有的资产和设备。我们用真实的数字说明批量生产如何降低成本；我们把自己采用某些材料的成本与其他人所采用材料的成本做了比较；我们给出了具体数字，说明了我们如何通过年产 15 万辆车来解决相对较高的成本问题。对于那时的汽车业，这是一种新的宣传方法，而今天它在汽车广告领域已经应用得很普遍了。

这件事的经验与其他所有推销工作得出的经验一样，我们必须知道顾客在想些什么，将会需要些什么。一个人要想引领潮流，就必须了解潮流。

对很多人来说，广告就是文案写作，语言技巧和语言风格最为重要。其实不然，如果写得漂亮就能起作用的话，那效果也是负面的，因为那样的文案语言暗示着为销售而做出的努力，而任何销售的努力都会招致相应的抵制。

书面广告推广与人员面对面推销是完全一样的，风格是一种缺陷。任何喧宾夺主的东西都会削弱受众的印象。也许有人会说："这广告真漂亮，图片很完美，表现方式妙不可言。"但是这种理解会妨碍人们对整个广告的印象，它说明你缺乏诚意，带着强烈的销售意图。如果意识到有人赤裸裸地想让自己掏钱，那人们就都会警觉起来。

成功推销的唯一方式是，通过某种途径让别人看到你在提供超值的服务。你可以采取最简单的方式提出你的诉求，大多数成功的广告是通过简单的方式达到目的的。它们用贴合人心的方式打动人，提供的是人们想要的服务。这就是许多“精美的广告”不能获得理想效果的原因，人们对这类广告都怀有戒心；这也是许多采用简单方法的广告反倒能取得成功的根源，这类广告都是那些忘我的超级推销员创造的。

轮胎广告

轮胎广告业务也是我开拓的一项事业。从自行车出现时起，大概就有人在为轮胎做广告了，但是那时的广告不过是推广一个品牌名称而已。固特异公司的广告多年来都是由我们代理的，我相信他们以前每年的广告支出从未超过 4 万美元，因为没有人相信轮胎也可以很流行。

有一天我们发现，我们可以靠增加客户数量的方法来扩大我们的广告业务。后来，这成了我们的一个重要原则。随着这些业务的发展，我们成了世界上最大的广告公司之一。

广告代理公司的佣金是由媒介出版商支付的。这并不是因为客户经常会从一个广告代理商转到另一个广告代理商那里去，而是为了增加广告的投放量。我们需要得到报酬，一种方法是寻找和发展新的广告机会，另一种方法是使现有广告主增加投放费用。

我很少从其他广告代理商那里抢客户，也从来没打算这样做，除非是发现有一个极好的机会正面临被错误的方法毁掉的危险。我所有的大客户几乎都是我自己一手开发出来的。有时候我会从很小的广告投入开始，然后随着广告带来的利润的增长而不断增加广告投入。正是这种发展使我获得了从事广告工作的真正成就感。

在我们的不断劝说下，固特异公司最终同意增加广告支出。第一个季度，他们给了我们20万美元，这对他们来说是很大的一笔钱。

他们那时正在开发一种叫作直边轮胎的产品。我听说过这种轮胎，但并没有真正见过。我的办公桌上经常堆着这款轮胎的广告，我对轮胎和广告都有兴趣，但还不至于去弄清楚“直边”是什么意思。

后来我向他们咨询，他们给我演示了直边轮胎和勾边轮胎的区别。我问为什么要做成这样，他们告诉我，这种直边不会导致轮胎钢圈断裂，而且相比其他类型的相同型号的轮胎，直边轮胎的容气量多10%。

“那你们为什么不着重说明这个效果呢？”我问，“效果是人们最想知道的，但他们并不在乎你们是怎么达到这种效果的。”

这对他们而言是一种新概念，他们是制造商，只对构造感兴趣。因为他们只关心生产工艺的细节，自然也就只对公众宣传这些东西。

这也是为什么没有哪个制造商能自己操作广告，即使现在也没有多少人能这样做。广告主与自己的工厂关系太近，他自己对生产的兴趣妨碍了他看到顾客的需求，这使他很难站在顾客的立场考虑问题。

制造商只讲他为之骄傲的东西，也就是他的工艺和流程、他的工厂规模及他的经营史等。广告人必须研究顾客，告诉顾客他们想知道的事情。

我提出了一个名字——“钢圈不断裂轮胎”。在每一个广告上我们都采用这个主题：“钢圈不断裂轮胎，容气量增加10%。”市场反应迅速而巨大，销量跳跃性增长，固特异轮胎很快就在轮胎市场占据了领先地位。

另一个结果是，所有的竞争对手都不得不开始生产这种轮胎。因此，在两三年后，固特异轮胎也不再强调它在这方面的优势了。我们逐渐减少使用“非边缘切割”这种提法，反而更多地强调固特异这个品牌。

但是到了那个时候，我们就又有了另一个更强有力的诉求点，那就是市场对固特异轮胎的需求飞速增长。我们用图片和文字大肆突出这一点，直到人们觉得整个汽车世界似乎都在使用固特异轮胎。

在大多数行业里，这都是一个很出色的推销方法。人们有从众心理，对很多事情，他们很难分析原因和结果，所以他们接受大多数人的判断。

我们还通过命名做了另外一件事。我们为防侧滑轮胎起名“全天候”。我们找出了最关键的诉求点，然后让名称反映出这一点。这样，**名称本身就能体现我们主要的宣传内容和卖点，它本身就构成了一个广告**。我们的主要目的就是鼓励开车的人在所有的天气条件下，在所有的轮子上都使用这种轮胎。由于那个广告的影响，从那时起，这真的成了开车人的一种习惯。

如果一个名字就能讲述一个故事，那它就有很大的优势。产品名称一般都是要在广告中展示出来的，所以，恰如其分的名字就是一个相当完整的广告，哪怕是那些步履匆忙的人也可以看到。取一个合适的产品名称往往是好广告的重要一步。毫无疑问，拥有这样的名称总是可以事半功倍。想想下面这些名称的价值：五月气息、三合一汽油、棕榈橄榄香皂等。

我们还有一个问题要解决，就是让经销商存货。那时的经销商很少这样做，他们只在有人订购的时候才从固特异的分公司进货。我们筹划了一次大型推广活动，在报纸广告上刊登所有备有存货且存货额在 250 美元以上的经销商的名称，在几个月的时间里，我们说服了 3 万个经销商以此为标准购进固特异轮胎。这场广告活动在很大程度上改变了轮胎经销生意的流程。

这种在当地报纸上刊登经销商名称的做法，对促进他们存货有着不可低估的作用，没有哪个方案能比这个更有效。没有哪个经销商愿意看到竞争对手的名字出现在某个大型推广活动中，而自己的名字却被排除在外。加入这个方案的人越多，争取其他人加入就越容易，我经常通过这种办法使新产品迅速打开销路。

固特异的广告推广活动是我最成功的案例之一，它使固特异轮胎成为行业领先产品。我再也找不到比这更有效的方法来面对市场环境的改变了，固特异的广告费用也从每年 4 万美元增长到将近 200 万美元。

但我还是失去了这个客户。他们要求做企业形象广告的欲望越来越强烈，而我从来不赞同这样做。他们提出这样的要求是很自然的事，巨大的成功让很多人有了小小吹捧自己一下的欲望，但吹捧是消费者最不想听到的东西。企业喜欢展示他们的厂房，讲述他们是怎样成长起来的，还要对他们的方针策略做一点小小的宣传。这也许会令他自己开心，但这不是推销。我不想做是因为没有人会容忍别人冒犯自己的原则，不管是在广告领域还是在其他领域。如果一个人只是为了钱妥协，那他就输了。这不是说他的广告不成功，而是作为一个艺术家，作为一个忠实于自己的专业，并将其推向更高层次的人来说，他并不成功。

这里隐含着广告中最大的矛盾。广告客户付了钱，他自然有权为所欲为。在开始的时候他并不急于动用这种权力，毕竟这个领域对他来说还很陌生。但当他觉得自己也是个广告专家的时候，问题就来了。真是很奇怪，为什么人们都希望在自己的能力范围之外逞能呢？

很多人因此偏离了正路，人们在一项业务上挣到了钱，却又把钱胡乱投到了其他领域。他们大概觉得一次成功就能让他们成为商业超人。

这些人不会冒险去指挥一次外科手术，或是告诉一位律师应该怎样打赢一场官司，或是指导画家怎样画一幅画。他们深知自己欠缺这种技术领域的能力，但是对广告就不一样了，在他们看来，广告似乎太简单了，因为这是针对单纯的人群的。他们并没有认识到，就算用一生的时间，人们学到的也不过是广告的一些基础知识。

后来我又为米勒轮胎做广告。当时形势发生了根本性的变化，消费者普遍认为好轮胎其实都差不多。我们必须打破这种印象，设法培养他们对品牌的偏好。

西海岸的公共汽车广泛使用米勒轮胎，我收集了这方面的数据和记录。公共汽车使用米勒轮胎的数量给人的印象很深，里程记录也让人吃惊。显然，米勒轮胎更多用于商业领域。

我把这些事实用作广告活动的主要素材。一般的轮胎购买者不会做这样的比较，他们很少会记录轮胎的使用里程，即使这样做了，所采用的方法也未必科学。但他们知道，轮胎的大客户并不会仅凭推测就选择某个品牌。我就利用这种想法做文章。我用精确的数字印证了经过比较得出的结果，展现了米勒轮胎在商业领域得到应用的趋势，而对于这些商业用户来说，他们非常清楚自己这样做的理由。

我讲述了在米勒工厂里做的实验。在那里，大型机器在实地路况下对所有的轮胎进行磨损实验，结果表明，没有哪种轮胎比米勒更耐用。我打造了这样一种正面的印象，米勒公司正想尽一切办法来保证轮胎获得最大的行驶里程。这是一次简短但成功的广告活动。

与其他行业一样，我们的问题就在于如何在经销商与消费者之间做出选择。我的想法是，我们不能把一样东西卖两次。我们不能一面花大钱做广告刺激消费，一面却在向经销商推销时软弱无力，然后又花一大笔钱帮经销商做营销。那样转嫁到消费者身上的成本就太多了，我们必须有所选择。

如果经销商有兴趣，觉得可以卖出某种产品，那就让他去卖吧。但是，如果我们打算帮他把产品推销出去，那我们付给他的报酬就不能超过分销商的报酬。

广告的最大灾难是它造成了销售成本的成倍增长。广告主为了争取顾客，花的钱已经够多了，接下来他还要把利润分一些给经销商或代理商，让他们也沾点利益。生产商提供免费试用品和其他值钱的赠品，却不要求任何回报，由经销商或代理商来满足顾客的需求，他们就成了订单的主要供货者了。

推销中存在一个很大的问题，就是一个没有做过广告的产品，如果没有消费者需求，那就必须依靠分销商打开销路。那些分销商总是要求巨大的让利，但是无论你给的利益有多大，总会有别人让利更多，这样你的利润很快就会变得微乎其微。

如果你是一个广告主，正在创造消费者需求，那你就必须在某种程度上减少对这些中间环节的依赖。公平地对待中间商，但不要为他们不能做的事付钱。如果你不反抗，那批发商就会把他们自己的竞争成本算到你头上，分销商会把你分配给他的利益与他自己生意的利润做比较。他们不会意识到，在某一个项目上其实是你在做销售工作，而在别的项目上他们要完全靠自己来做相对应的工作。

我做过很多种产品的广告，其中大多数并没有雇用销售人员。这些广告的整个思路就是直接赢得消费者，让他们向分销商或批发商施加压力。那些试图向消费者进行推销，又再向批发商或分销商进行推销的人，会付出高昂的代价。你必须做出选择，销售利润并不足以同时应付这两方面。

“棕榈橄榄”的早期历史

我们在公司里组建了一个“顾问委员会”，我做负责人。我们宣布，任何人都可以咨询广告方面的问题，不论是本人亲自来还是以书信的方式，都可以得到我们公司最资深的广告人的建议，且无须承担任何义务。大约有16个能干的广告人参与了这个委员会的工作。他们为广告主提供了诱人的机会，这些广告主有的已经是我们的客户，有的是颇有拓展前景的公司。有好几百人带着自己没有把握的意向书来找我们，其中十之八九的项目我们都建议不要做下去。那些犹豫的人多是倾其所有下赌注的大客户，这种情况在行业里很多。

我们组织这种会议的目的是发掘广告人才，帮助他们避免错误，同时尽力争取在众多的计划书中发现宝贵的广告机会。在同样的策略下，我们出版了很多书，根据我们自己的经验给大家提一些建议。我们认为，我们的利益建立在整个广告业繁荣的基础上。失误和灾难性失败会妨碍广告业的发展，而一次引人注目的成功则可以令许多人欢欣鼓舞。毫无疑问，我们有益而又无私的政策是过去20年里广告行业成长的一个重要因素。

一天早上，位于密尔沃基市的约翰逊肥皂公司的B.J.约翰逊先生参加了我们的会议。和他一起来的是该公司新任命的销售经理查尔斯·皮尔斯先生，这个人很想找到一条成功之路。他们是来讨论一款名为“佳凡力克”的洗衣皂的营销方案的。经过认真考虑，我们建议他们不要打广告。为新客户打气实在是一件很困难、很费力的事，但根据我们提供的事实，他们很快就同意了我们的看法。

然后我们问他们还有没有别的产品，他们说有一种叫“棕榈橄榄”的香皂，是由棕榈油和橄榄油配制而成的，只有少量销售，所以他们尚未考虑为它做广告。

当时与会的人对美容用品前景的认识还很模糊，但我们注定以后要在这个行业大展宏图，取得广告上的巨大成功。对女人来说，没有什么比美容更具吸引力。有个人提到埃及艳后曾经使用过棕榈油和橄榄油，另一个人提醒我们罗马美女也用过类似产品。慢慢地，我们意识到一个广告机会正在萌芽，于是我们请求肥皂制造商让我们试一试。我们建议在密歇根州的大激流市做试点推广，广告费用大约为1000美元。可是对于这样一个有很大不确定性的投资项目，这个赌注太大了，所以我们不得不改到在密歇根州的本顿港试点推广，那里只需要700美元的费用。在那个小城里，“棕榈橄榄”香皂的第一个广告面世了。

我们策划了一个这款香皂面世的广告活动，其中的推介方法在我的那些最成功的广告中都使用过。据我所知，我是设计这些方法的第一人，而这些方法也是我取得成功的一个重要因素。我们发布了两三个广告，讲述“棕榈橄榄”香皂的故事，还强调其美容护肤的功效。在广告上方的一个方框里，我们宣布几天后将为每一名提出申请的女士买一块“棕榈橄榄”香皂，这个消息使我们广告的读者成倍地增加。如果你提出给女士买什么东西，那她就会很关心这个东西。这样，我们的广告就引起了大多数女性读者对这种合成香皂的兴趣。等我们感觉到创造出的需求已经很充足的时候，我们登出了一整版广告，里面有一张优惠券，可以在任何商店里兑换一块10美分的香皂。优惠券授权经销商给每个兑换人一块香皂，然后把这10美分记在我们的账上。

与免费赠送相比，这种办法有很多优点。首先，它让人印象更深刻。给消费者提供赠品一般可采用两种方法：一种方法是为顾客购买产品供其试用，并且为此向经销商付钱；

另一种方法是免费向所有人提供产品。这两种方法对心理的影响有很大的差别。无偿提供会使产品显得廉价，而且之后让人们为曾经免费得到的东西付钱，那就会遭到一定的抵触。但如果我们自己就像消费者一样买这些产品，我们就显得非常自信，相信自己的产品一定会受到欢迎。“我们来付钱”是一个比“免费的 10 美分香皂”好得多的广告语。

而后，这种购买方式会促使经销商进货。不需要什么推销员，你只需要把你的优惠券广告清样寄给经销商并指出，每个家庭都会收到这个广告，这张优惠券可以当作 10 美分使用，所以女士们不会把它扔到一边。如果一个经销商不愿意兑现它，那就找另一个。按照这个方案，我们没用多大的成本就很快建立起了广泛的销售网，这当然是做广告首先要考虑的事情。

在所有社区都推出几条这样的广告，宣传“卖家出钱购买”计划，你的广告肯定会被许多人读到。当那个整版广告带优惠券刊出的时候，所有对产品感兴趣的人都会去兑现它。就这样，在两个星期的时间里，人们了解了我们的产品，我们赢得了成千上万的客户。

我发现，将试用品或正装产品提供给那些不主动提出需求的人，不会带来不良结果。我们必须在别人认识到我们产品的价值之前，就激发起他们对产品的兴趣。我认为不加选择地胡乱派发试用品实际上是一种糟糕的做法。没问一下对方就把试用品送出去，或把试用品扔在别人门口，会失去别人的尊重。如果你能够让顾客也付出一点努力，或者你根据顾客的要求，以零售价购买他们需要的产品然后送给他们，那效果会完全不同。

这就是我们最初在本顿港采用的“棕榈橄榄”的广告方案。成本只有 700 美元，其中还包括兑现优惠券的钱。结果是有上千名女性开始使用这种香皂，而且对其质量和功效深为了解。然后我们就该等试用的效果了。顾客在试用过这款香皂后会怎么做？这个问题的答案是广告中最重要的因素。

现在我要讲到一些数字，可能并不是很精确。这次广告活动是 1911 年开始的，我的记忆可能有误差，不过应该不会有太大的出入。在本顿港的持续销售让我们在广告费的账单到期之前就已经收回了足以支付广告费的销售额。我们知道自己弹对了音弦，我们赢了。

我们又在其他无数个城市里试用了同样的广告，最终效果是一样的。我想他们花了大约 5 万美元做区域广告，结果证明我们的诉求的确有效，我们的广告一直所向披靡。然后我们就开始在杂志上做广告，通过我后面要讲到的方法，把我们的产品卖到了全国。

在这里我要停下来讲点别的。在刚才讲的那段往事里，我并不想过分突出我扮演的角色，我们的公司是由一群经验丰富的人组成的，大家在一起工作。我们公司的老板常说，依靠我们获得成功的厂家，依靠其他广告公司也会成功。我不同意他的观点。我们取得的最主要的成就，都是来自我们自己发掘和发展出的广告机会。当然，这是很自然的，因为这是我们的本职工作。广告计划、广告理念，还有广告战略，全是我们的创意。但是，一个必要条件就是这个产品必须得到大家的认可，这取决于它的制造者；另一个必要条件是要有完善的经营管理。事后，我认为“棕榈橄榄”的成功很大程度上就是由于这个原因。其中的主导因素就是在 1911 年那个至关重要的早上来找我们的查尔斯·皮尔斯先生。

这本商业自传的目的并不是想夸耀个人的成绩，只是想为那些在我之后进入广告业的人提供一些我历尽艰辛才发现的广告原则。我不想贬低任何人所扮演的角色，或是伤害哪一个人的自尊心。没有任何生意是靠一个人就能闯出来的。

在地方报纸上发布过“棕榈橄榄”测试广告之后，我们决定尽快发展全国性的分销网络。我们仍然按照以前在地方广告中的做法去做，我们在《星期六晚邮报》和《家庭主妇》杂志上分别订购了一版广告，并在广告中加入一张优惠券，凭此券可以在全国任意一家药妆店获得一块 10 美分的“棕榈橄榄”香皂。在此之前，我们已经向所有的药妆店寄了这幅广告的清样，并告诉他们这两份刊物在当地的发行量，指出无论是顾客还是药店，都可以把这张优惠券当作 10 美分来使用。结果我们获得了来自各地的订单，而实际上这种香皂连经销商本人都还从来没有见过。我记得，这些订单的总额超过了 10 万美元。

批发商进了大量的货——我想他们是通过寄售的方式进了货，所以经销商可以迅速补货。广告刊登出来后，对兑现优惠券的巨大需求很快就显现了出来。几天之后，成千上万的女性就用上了“棕榈橄榄”香皂，体验到了广告中介绍的产品优点，而全国几乎每一家药店，都在提供这款产品。广告带来的重复购买效果甚至比区域广告还要好。

从广告的角度来说，这就是“棕榈橄榄”的立身之法。现在，它每一年的销售额都有好几百万美元，“棕榈橄榄”已成为世界上最有名的香皂之一，每年的广告投入也非常多。制造商、广告代理商、报纸杂志出版商都获得了巨大的收益，而这一切都是从 700 美元的测试开始的。

我想在这里谈的一些经验是，从全国范围来说，人性是很相似的。因此我们的诉求能在本顿港取得成功，也就能在从东海岸到西海岸的全国其他地方获得同样的成功。

谁都不需要把一样东西推销两次，谁都不可能有那么大的财力同时向经销商和消费者推销。如果你推销给了消费者，经销商就会满足他们的需求。这个道理在今天比在过去更重要，因为如今无论是人员销售还是广告，成本都比以前高得多。

迅速扩大销售量比缓慢扩大销售量利润率要高得多。如果一个人能够证明他的方案既正确又安全，那么他的首要目标就应该是迅速扩展业务，以最快的速度取得最大利润。

在大众中获得成功的诉求，往往是那些简单易懂、能拨动人们心弦的东西，虽然知识分子往往觉得这些玩意儿像哄孩子的把戏。“荷兰清洁剂，去除污迹”“象牙肥皂，如此顺滑”“金牌除尘套装替你干活儿”“孩子们就想要卡斯托里阿”“让少女永远红润如花[①]”，像这样的东西十有八九是会获得成功的。

我曾经听说有一个人为商业书刊做广告。这些书刊很有启发性，包含了大量具有指导意义的经验，每个生意人都应该读一读。可是他就是没法在盈利的前提下把书刊卖出去，于是他向我们公司的一个广告专家咨询，而我们的专家给他提的建议只不过就是让他对每个生意人宣布：“我们将用烫金把您的名字印在每一本书上。”我们可能会本能地觉得，这种

① 原文为 Complesxion，是一个化妆品品牌，在英文中有肤色、润肤的意思。——编者注

广告对一个生意人来说并不那么重要，但就是这个方法让这些书大获成功。因为烫金姓名使这些书除了经验和道理外，还拥有了特色和更多的人情味。

有一家人寿保险公司通过信函在那些理性的人中间拉业务。常规的游说不会引起人们的注意，但是这家公司声称准备了一种皮革封皮的日记本，上面烫金印着顾客的名字，只要顾客接受，他们就把日记本送去。顾客只需要告知地址就行了，同时还请告诉保险公司他们的年龄、生日等资料——基于这些信息，这家公司就可以准备保险方案了。

我相信，这种日记本只会送给那些事业型男士，也就是那些把绝大部分精力放在应付重大生意难题上的人，但是这则广告获得反馈的比例非常高。那些事业有成的人不希望属于自己的东西被别人忽视，哪怕只是一个价值 10 美分的小本子。这就是人性。

现在让我们回到“棕榈橄榄”这个话题，“棕榈橄榄”香皂的成功让他们又进行了很多广告投资。但与很多类似项目的结果一样，大多数广告都反响平平。无论是他们还是我们，都没有去做不可能做到的事情的魔力。

他们还有一款产品是“棕榈橄榄”洗发水，广告中没有提出独特的诉求，那只不过就是一款还不错的洗发水而已。广告的诉求点是“用我的牌子而不是其他的”，这样的诉求没什么意义。

日本附近的一个海岛出产一款对生发有益的油膏。我看到了一些展示日本妇女站在椅子上，让她们的长发一直垂到地上的照片。多年来，这种油膏所有的供应合同都被法国养发产品制造商垄断了，现在这些合同已经过期。我劝说“棕榈橄榄”的人买断这种油膏并宣传其功效，但成本确实很高。

我不知道“棕榈橄榄”洗发水的推销运作过程，但我有很多与其他洗发水生产商合作的经验。而且我知道，在竞争激烈的行业中，如果不依靠独特的诉求，那就不可能取得成功。

让我讲讲“棕榈橄榄”剃须膏的案例，从另外一个角度谈谈我的经验。很自然地，凭着“棕榈橄榄”香皂的名气，人们会顺理成章地接受“棕榈橄榄”剃须膏，但是仍然有一些问题需要考虑。实际上所有剃须膏的使用者都习惯了使用某一个品牌，他们中的大多数人可能常年使用这些品牌，而且喜欢这些品牌。我们的问题就是要让使用者从正在使用的品牌转到“棕榈橄榄”这个品牌上来。

谁都很难宣称某种剃须膏有非同一般的效果，这样做不合理。那些规模较大的洗浴用品制造商已经花了多年时间研究剃须膏，但他们从没明确地说明过他们到底取得了什么成就。

我派出一些调查员访问了上百名男士，问他们最看重剃须膏的什么功效，然后我带着他们的答复去了“棕榈橄榄”的生产基地密尔沃基，把它们交给了总化学师卡西迪。我说：“这是男人们想要的功效，他们或许也可以从其他剃须膏中获得这些功效，但还没有人告诉他们这一点。请把‘棕榈橄榄’剃须膏在这些功效方面的真实数据告诉我。”

男人们想要更多的泡沫，卡西迪证明“棕榈橄榄”可以产生相当于原液的 250 倍的泡沫；男人们希望起效速度更快，卡西迪证明“棕榈橄榄”剃须膏可以让胡须在一分钟内吸收 15% 的水分，让胡须像打过蜡一样，更容易刮除；男人们希望泡沫的持续时间更长，卡西迪证明“棕榈橄榄”剃须膏可以在脸上保持完整的泡沫状态长达 10 分钟。

人们都知道棕榈油和橄榄油可以做润肤剂。我问卡西迪，剃须膏还有没有一般人不知道的其他功效。他说，有一个最主要的因素还没有被人们认识到，那就是为什么人们在刮胡子时不能用普通的浴皂。那是因为普通浴皂的泡沫不够多，也不够持久，无法渗透在胡须缝隙间使胡须变得坚挺，就像等待收割的小麦一样。于是，我们就从这个角度提出了“棕榈橄榄”剃须膏的诉求点——合乎要求的泡沫，最后这个诉求也被证明是正确的。

可能其他的剃须膏也具有同样的效果，我不知道在这一行里谁能够比谁领先多少。但我们是第一个在这方面给出具体数据的，而一个具体的数据要比任何滔滔不绝的说理都更有效果。

有人告诉我，“棕榈橄榄”剃须膏在进入这一领域 18 个月后，很快就控制了市场。如果是这样，那就要归功于我们用确切的数据替代了虚无缥缈的承诺。

任何人读到这里，如果他对广告感兴趣的话，那他就应该抓住我介绍的要旨。没有人能仅凭一句简单的“买我的品牌吧”就轻易闯入一个已经被别人长期占领的市场，因为那是一种自私的诉求，让所有人讨厌。你必须提供独特的服务，吸引人们从自己喜欢的品牌转移到你的品牌上来。然而，普通的广告主并不能提供这种独特服务，所以不能指望他们。因而，如果你能提供别人未能提供的有关服务的具体数据，那你就有可能建立起很大的优势。

以马自达电灯或其他这类钨丝灯为例，如果只是说它们比碳丝灯更亮，那这种诉求不会给人留下深刻印象。每个卖家都会说自己的产品比别人的好，大家对此都已经习以为常。可是，如果你告诉他们，钨丝灯的能效是其他产品的三倍以上，那很多人就会考虑一下了。

回头看看所有的案例，它们背后都隐藏着人员推销的原则，所有广告都必须建立在这些原则之上。站在门口和一位主妇交谈与和她在夜灯下促膝长谈，有很多共通之处。同样的推销原则在哪里都适用，广告就是平面文字的推销。

膨化谷物与桂格燕麦

我最大的成功之一来自我为膨化小麦和爆米花做的广告，它们是这样做出来的。

克劳威尔先生是桂格燕麦公司的总裁，他是我一个老同事的朋友。那个老同事劝克劳威尔先生来找我，看我有什么可以帮到他的。于是有一天，克劳威尔先生把我叫到了他的办公室，对我说了类似这样的话："我们有长期合作的广告公司，他们干得还不错，不过我们还有很多产品没有做过广告。如果你发现哪个产品适合做广告，那我们愿意与你共同试验。我们可以花 5 万美元或更多的费用，来试试你的想法。"

我把他的产品系统研究了一遍，然后找到了两款很吸引人的，一款是爆米花，另一款是小麦胚芽粉。那时候爆米花卖 10 美分，而小麦胚芽粉卖 7 美分，这两种产品的销售额都在下降。生产商认为这两款产品都不会成功。

我之所以挑选了这两款产品，是因为它们都有独特的诉求点。我劝他们把小麦胚芽粉的名字改为膨化小麦，这样就可以把这两种膨化产品放在一起做广告。我还要求他们改变产品的价格，爆米花卖 15 美分，膨化小麦卖 10 美分，这样平均每箱产品出厂售价就增加了 1.25 美元，增加的部分正好为我们提供广告活动经费。我确信，以我们广告的效果来看，高出的那部分价格并不会影响销量，还可以使我们有一笔钱争取新客户。

我去了生产这种膨化谷物的工厂，产品发明者安德森教授陪着我一起前往。我们晚上坐火车，白天待在工厂；日日夜夜，我们一直在探索各种可能的诉求点。

我弄明白了大米和小麦膨化的原理，这是因为每一个食物细胞都发生了膨胀爆裂，我亲眼看到这两种谷物变成平时的 8 倍大。这可以使每一个细小的分子都变成食物。

我观察了生产工艺，谷物都是从一种特制的“枪”里喷射出来的。我因此锁定了一句广告语：“枪里射出来的食品。”

这个想法引来了一片批评声。国内食品业最大的广告主就此写了一篇文章，说在所有愚蠢的食品广告中，这无疑是最愚蠢的一个。妄图用“枪里射出来的食品”打动家庭主妇，这是傻瓜才会有的想法。

但事实证明，这种想法真的能够吸引人，它引起了人们的好奇心。而我们知道，在和人打交道时，引起对方的好奇心是最有效的刺激方法之一。

膨化谷物广告活动所包含的道理值得我们深思，它是有史以来最成功的谷物麦片类广告活动，使爆米花和膨化小麦成为早餐食品领域里最赚钱的产品。

首先，我树立起一个人物形象——安德森教授。只要有可能，我在任何地方都这么做。人物最能打动人心，这是毫无灵魂的企业做不到的。让一个人出名，你就可以让他的产品出名。我们所有人都喜欢研究别人的生活和他们的成功。

接着，我在每条广告里登出了这些比普通谷物大 8 倍的产品照片，促使人们想要亲眼看到它们。

最后，我讲述了谷物膨胀的原理：在每一粒谷物内部，我们制造了 1.25 亿次“气体爆炸”——每一个细胞都爆破了一遍，使所有的分子都容易消化。我把这种谷物产品所能提供的全部魅力和全部诉求点都集中到了一起。

膨化谷物以前做过多年的广告，而生产商对它们的失望却与日俱增。那时它们的广告形象就和其他无数的早餐谷物食品一样，没有说明它们的独特之处。新的诉求方法使它们变得独一无二，引起了人们的好奇心。读了这种广告的人都想亲眼看一看这些产品，而且他们一旦试用过，就会成为长期顾客。

不过，我们也犯过许多错误，纠正过很多做法。我们在报纸广告上花了很多钱，却几乎没获得多少回报。报纸的受众是社会各阶层人群，而这种较昂贵的食品只对部分高端消费者才有吸引力。我们通过报纸广告接触到的人中，有九成是买不起膨化谷物的。我们最终发现，杂志广告才是我们唯一的选择。

之前我们非常随意地散发了几百万份试用品，但这些试用品并没有招揽到客户，所以我们必须先培养出消费者对产品的兴趣和向往才行。

于是我们停止向不感兴趣的人派发试用品。接着，我们在上千万份杂志上刊登广告，每一份广告里有一张优惠券，可以在任何杂货店里兑换一袋爆米花或膨化小麦。如果人们看了广告后把优惠券剪下来，那就说明他们对我们的故事感兴趣。这些人会很乐于接受赠送的食品，然后他们会在其中发现自己想要的东西。

所有的试用品派发都是这样。把派发的试用品随意扔在别人门口，永远不会有回报，这种试用品会像丧家之犬一样让人瞧不上眼。应该把试用品派发给那些产生了兴趣、会通过努力去争取获得试用品的人。要为产品创造一种光环，否则它就不会给人以深刻持久的印象。

我们还得到了另一个教训。我们刊登了上千万份广告，提供买一赠一的优惠券，凭这张优惠券买爆米花可以免费得到膨化小麦。跟其他类似做法一样，这种推销方法的效用并不大。这样做仅仅意味着价格折扣。把东西半价卖给那些并不打算改变自己饮食习惯的人，其销售难度差不多与全价一样。数百万份这样的广告并没有给我们带来多少新客户。

广告主总会发现，半价购买产品的优惠券并没有多大的吸引力，一个要顾客花 10 美分买试用品的优惠券只能吸引少数人。记住：你是卖家，你在争取顾客。因此，你就要让试用过程对那些感兴趣的人来说显得容易一点，不要让他们为你的这种推销行为花钱。

在这方面精打细算反而成倍地增加了成本。每个免费试用品申请可能会花费你 25 美分。如果要求顾客花 10 美分才能获得一份试用品，那每个申请可能就会花费你 1.25 美元甚至更多。为了获得 10 美分，你可能会损失 1 美元，你花了那么多钱，可能只赢得了五分之一的顾客。这是广告中最笨的做法之一。

我在膨化谷物上的成功，促使桂格燕麦公司邀请我研究他们其他产品的广告方案，其中最重要的就是桂格燕麦。这次，我犯了我一生中最严重的错误之一。

我认为桂格燕麦公司控制了燕麦类食品生意的大部分市

场，如果我们能够增加燕麦类食品的总消费量，我们就可以赚取其中大部分的利润。基于这样的想法，我策划了第一次广告活动。

我不会在这里叙述我的方法。总之，它们传播得很远，而且也很有效，几乎达到了极限。我雇用了几百个人为我收集数据，但我还是犯了错。几个世纪以来，吃燕麦食品一直被认为是一个重要的饮食习惯，所有人都知道燕麦主食的价值，那些不吃的人只是因为有某些实在无法克服的问题。

我用一种全新的动人方式发动了一场教育性广告活动，可是并没有得到回报。我们发现让新顾客转变观点是一件耗资巨大的事，没有哪个新顾客会以改变他一生的饮食习惯为代价来回报我们。

很多产品也都是这样，比如说，为了争取新的牙膏消费者而去劝说人们刷牙。我推算过，争取这样一个新顾客的代价不会少于 25 美元，而牙膏制造商要花上几十年的时间才能够收回成本。

新的习惯是由广泛的教育培养起来的，而且主要靠作家们在免费版面上写相关的文章。我还没听说过在哪个产品上，某个广告主可以凭一己之力，在盈利的前提下改变人们的习惯。

如果在大规模上做不到这一点，那么在小范围内也难以做到。任何以此为目标的广告，每一个字都是一种浪费。没有人能在以广告改变人们习惯的做法中赚到钱。广告主往往在习惯改变后才加入进来，他们会说："这才是正确的方法。"

那些没有认识到这一事实的广告主浪费了数不清的金钱。他们的目标消费人群还没有学会使用他们的产品，他们推销产品的想法很好，也考虑到了消费者的利益，但永远不能指望有所回报。

我后来为桂格燕麦做的所有广告都只针对燕麦类食品的现有消费者，再也不试图去赢得新的消费者了。我只是对现有的燕麦消费者讲述我们所提供的产品的优势。通过这种做法，我们在各种产品上都获得了很好的收益。

我们最大的成功是在第一次世界大战期间取得的。那时人们开始吃肉类代用品，研究卡路里是当时的大热门。桂格燕麦的卡路里指标是很突出的，每千卡的成本只相当于肉类的十分之一。通过宣传卡路里，我们使桂格燕麦的销量翻了一番。

但我们心里一直明白，人们食用燕麦的一个最大障碍是它需要较长的烹调时间。有一个竞争者生产出了一种可以快速烹制的燕麦产品，并从我们这里夺走了很大一部分市场份额。就在这时，一位发明家带着一种燕麦半成品的计划书来找我们，我们把他发明的这个产品称为"两分钟燕麦"——

不需要烹饪，稍微加热即可食用。

我们觉得这是一个解决燕麦食品烹制问题的好办法，我们中大多数人都想不经测试就采用它，但我还是坚持要进行试验。

我们在几个城镇试着推出了“两分钟燕麦”，并免费提供一整包产品。然后我们写信给用户，询问他们的意见，结果发现公众的意见与我们的想法完全相反。这种燕麦食品的口味与他们熟悉的味道不一样。也许有的新顾客会觉得这个味道更好，但常规燕麦的消费者非常反对这种口味上的改变，而新的顾客数量又太少，不值得考虑。

这证明“两分钟燕麦”无法成功。

后来又有了新的燕麦产品，烹制时间为三到五分钟，相较常规燕麦，这款产品的味道没有什么特别的变化。因为有过“两分钟燕麦”的失败经历，管理层的大多数人都反对这个产品。但我还是劝他们做个测试，听听家庭主妇们怎么说。我们叫它“速食桂格燕麦”。

于是我们在一些城镇里进行了测试，付钱买下第一包让顾客品尝一下。我们告诉顾客，我们并不在乎他们到底是更喜欢“桂格燕麦”还是“速食桂格燕麦”，我们只想知道他们的偏好。这些顾客中大约 90% 的人都选择了“速食桂格燕麦”。现在，“速食桂格燕麦”的销量明显比“桂格燕麦”

领先。

所有这些都给了我们非常深刻的经验教训。我们的成功取决于产品诉求是否能取悦于人。通过花费不高的测试，我们能够了解自己是不是真的能做到。据此，我们可以不断调整自己努力的方向。

“两分钟燕麦”之所以失败，在于它的独特口味并不能吸引大多数人，但是“速食桂格燕麦”却使桂格燕麦公司在燕麦食品领域又找到了一个新的立足点。以较小的代价把问题交给几千个家庭主妇，由她们去判断，这种做法总是可行的。用这种方法，不必冒很大的风险，任何人都可以准确地判断出消费者想要什么，不想要什么。

这大概是广告成功的唯一办法。靠猜测，50 次中大约能猜对一次。但是通过做测试，每一次的结果都会告诉你应该怎么做，应该避免什么。

“白速得”牙膏

迄今为止，我在事业上获得的最大成功要数为“白速得”牙膏做的广告。它的市场推广商已经与我合作了 22 年，我们在广告上一起赚了几百万美元。我去洛德暨托马斯广告公司时他很失望，他提出给我很高的薪水让我从那儿出来，并准备再找一些与我合作的好机会。

他在亚利桑那州的图森市参与了一些水利灌溉项目。那里的夜晚让人感觉漫长而寂寞，于是他把一帮注重保养的朋友招到那里做伴，其中一个就是发明这种牙膏的人。

他带着这个项目来找我时，我想给他泼冷水。这是个技术性的项目，我还不知道该怎么把这种技术性很强的牙膏理论普及给那些外行人。那时候，一支牙膏的价格通常是 25 美分，而他坚持将价格定为 50 美分。

他实在很有韧性，所以我最终同意接手这个广告，条件是他在一大笔股票上给我 6 个月的期权，他同意了。

我一本又一本地读书，全是牙医权威们写的理论著作，“白速得”的广告正是建立在这种理论上的。这种阅读非常枯燥无味，但有一本书读到一半时，我发现了一条关于特殊齿面保护层的参考资料。后来我把这种保护层称作“薄膜”，这给了我诉求上的创意。

我决定把这种牙膏宣传为美丽的创造者，准备好好利用一下迷雾般的“薄膜”。

一般看法认为，人们使用牙膏的目的是要让它起到保护作用。而以我的长期经验来看，保护性的手段并不一定很受欢迎。**人们可以做任何事去解决麻烦，但很少采取措施防止麻烦的发生。无数的广告创意就是因为不了解这一基本人性而受到挫折。**对一般人来说，这种保护性诉求并不能引起强烈的共鸣。

他们那时候要我表现由于人们对牙齿的疏忽而造成的后果，这是负面的角度。而我知道，负面的创意很少能赢得读者，或者是改变人们的观念。谁都不想听责备的话，人们想听的是褒奖：“欢笑时，世界和你一起欢笑；哭泣时，只有你独自哭泣。”人们总是希望听到能够让他们欢欣鼓舞的事情。

这一点很重要，每一个广告活动都取决于它对消费者的心理作用过程，成功与失败取决于诉求方式的对错。有不少牙膏产品想吓唬人们，让人们只用某种特定的牙膏。据我所知，到现在还没有人靠这种手段成功，除非他们的产品针对的是那些已经出现的麻烦。老百姓对如何避免危险没有太多的考虑，他们最主要的希望就是获得更大的成功，更多的幸福，更美的容颜，更多的欢乐。

我了解这个基本原则，所以我从来不利用灾难，从来不展示让人痛苦的一面。我采用的每一幅画面都只表现魅力十足的人和漂亮的牙齿。

但这里还有很多事情要考虑，有些是我从以往的经验中已经了解到的，有些是我要再从这个行业了解的。我们在每个广告里都突出显示优惠券。我们试着发布了几百条广告，广告结果一个星期接一星期地汇报给我，每一份报告都必须注明使用了哪条广告的标题。这样，我慢慢地知道了哪一个标题更有吸引力，哪一个表现平平。

我了解到应该把美丽作为最主要的诉求。大多数男人和女人都希望有吸引力，如果我的论述说服力强，那他们就会听从我的劝说，所以我开始着力诉求于美丽。

但我还知道，如果一个人只顾表现自己的优点，那常常会被别人讨厌，还会受到指责，涉及卫生健康产品的项目更是这样。

我劝说别人购买“白速得”牙膏时，他们的反应很冷漠。等我请他们给我寄10美分获得一份试用品时，他们干脆不理我了。所以我不得不做为他们考虑的广告——试用品完全免费。这个广告的唯一目的就是吸引人们为了自己的美丽试用产品，我甚至没有提到“白速得”正在销售中。我从来不提它的价格。我表现出来的所有目标就是，让厂家自己花钱证明“白速得”的效果。

这种思路带来另一种启示。在大多数像食品这样的产品中，“免费”的字眼是很有吸引力的，它使广告的读者成倍地增加，看来提供试用品是一种很自然的销售方式。

但是当我们推销的是有关卫生健康的产品时，人们的心理就不同了。我们要公开宣称它能为人们提供很大的好处，如果我们把它像早餐食品一样，送出一份试用品，就会降低我们宣称的重要性。这会让我们更像只想推销东西的商人，而不像为大家谋利益的科学家。当我们在广告上注明“免费”时，我们的效果更会大打折扣。

这种真相很难被发现。当我们为一种点心做广告并提供免费试用品，这和人性是吻合的。但当宣传点是在卫生健康上，推销的是能给人带来帮助的产品时，如果我们把“免费”作为诉求重点，那就会削弱那些本可以为我们带来新顾客的优势。

我花了很多时间才学到这一点，也浪费了一些钱。好在通过优惠券，我总能很快了解每一个诉求的效果。我能在一个星期内明白我的错处，我也从没有因为任何错误的理论浪费太多的钱，也很快就能发现每种广告方式的对错。

在“白速得”上，我们创造了广告业一个最大的成功。虽然它遇到了种种阻力，但是它已经开始征服整个世界。今天它在 52 个国家销售，用包括中文在内的 17 种语言做广告。无论用哪一种语言，我们的诉求都同样有效。

我们进入的是一个已被分割完毕的市场。在前进的道路上，我们遇到了数不清的竞争者，但我们打败了他们，并且在短短的几年里，使“白速得”成为牙科产品中的明星。这样的成功并非偶然。

白速得公司是以很少的资本建立起来的，而且大部分资金都用在了办公设备和机器上。所有投资者都是老资格的广告主，他们不会在无法保证迅速获得收益的生意上投太多的钱。

我们实现了快速回报。在第一个试点城市，我们花了 1000 美元，这笔钱在我们的广告费用结算之前就赚了回来，而且还有盈余。我们又在其他城市进行了测试，效果都差不多。接着，在这个已经证明确实可行的计划上，我们的后台老板们又投入了一大笔钱。就这样，我们在一年的时间里打开了全国市场，4 年后又把牙膏销往了世界各地。

回想一下这个项目，我不知道还有哪个广告能够像它这样快速地取得这么大的成功。我自己筹备的一个系列广告倒可以在 3 个月内打败这条广告，但那时我已经是一个在广告业干了快 30 年的人，已经从上百个广告中积累了丰富的经验。

我通过发放优惠券的方式，很快纠正了自己的错误。我当机立断地调整了我的策略。在我们还没有在错误的道路上走很远的时候，我就通过观察回报的方式找到了走向成功的捷径。

可能有一百个牙膏制造商就此踏上征程，就像已经有一百个牙膏制造商已经这么做了一样，但多数以失败告终。这仅仅是因为他们看中的某种理念并不符合大众的本性，不能为大众所接受。他们没能及时吸取教训，是因为他们没有马上检验结果。因此，他们总是碰得鼻青脸肿，而这本来是可以避免的。

我在白速得公司赚了 100 万美元——这是一个我原本谢绝接手的项目。正是通过无数的测试，我了解了人们真正的心理需求。

从这个项目中我学到了什么呢？就是我们任何人都不能靠主观判断或经验做事，我们必须找到自己的路，新的问题需要新的经验。我们必须尽可能精确地审视我们要做的事情，发现不当之处，就及时纠正，要注意观察每一个诉求的效果。

经历了这样的实践之后，我可以指出上百种不正确的牙膏广告方式，还可以证明它们为什么是错的。可是仍然会有很多人不知道要评估成本和效益，就这样一个接一个地撞到南墙。其实，已经有数以百计的人尝到了这种苦果。所以说，“白速得”给了我非常好的经验，使我明白要在实际数据的引导下决定采用哪种广告策略。

邮购广告的一些经验

我的大多数广告客户都是按照我前面讲过的广告方式发展起来的，如果每一个细节都深入阐述，那会很枯燥无味。在我的广告生涯中，我也做过相当数量的邮购广告。从广告公司的角度来说，这不怎么赚钱。这种事做起来很难，很费时间，而且很少能发展成很大的规模，所以基本无利可图。但它有学习意义，它能使人充满斗志，让人把注意力集中于成本与收益。广告创意人员从邮购广告中学到的东西，比从其他任何形式的广告中学到的都要多。

直到今天，在我所有的广告创意里，只要有可能，我都会把成功的邮购广告当作写作模板和指南。这是经过检验的广告，大家都知道它能赚钱，否则它就不会持续做下去。它通常是众多追踪试验后的结论，可以说是这一领域里至今最好的广告。

研究邮购广告让人获益匪浅，它总是用较小的字体，对广告版面的利用极其经济。这是因为成千上万的测试证明，大字体太浪费了，成本也高。邮购广告中的每一张图片都有助于销售，没有一张是用来做装饰的。

找一个能赚钱的邮购广告，把它的版面放大两倍，使用更大的字体和更多的装饰或边线，你会得到一个看上去更吸引人的广告，但是你也会让得到回应或实现销售的成本增加到原来的两倍。

我们应该承认这个事实。因为在对上百种产品进行成千上万次的测试之后，精简节约这一经济原则已经具有了普遍的实践意义。它已经证明，在任何行业的广告中，浪费版面空间都是很愚蠢的做法，这包括使用过大的字体、线条以及无助于销售的图片。如果采用同样严格的检验手段，那所有的广告都应该像邮购广告那样安排。

这是广告文案撰稿人和广告客户最难学习和理解的事实。广告人本能地想让广告更有吸引力。但是你应该记住，广告不是写来娱乐大众的，而是用来推销产品的，并且要用尽可能低的成本进行推销。邮购广告建立在精确的成本与收益上，是实现广告目标的最佳方案。

有一次，一位广告主来到我们公司，他通过邮购广告的方式销售一种定价 5 美元的商品。他每份信函回复的成本是 85 美分，而每份信函大约可以创造 2.5 美元的销售。后来这种广告慢慢变得不赚钱了，所以他想找一个办法削减销售成本。我们准备了一份广告，但被广告主否决了，因为它看上去太不吸引人了。另一家广告公司准备了一份更大、更有诱惑力的广告，广告主采用了。可是他每份回复的成本达到了 14.2 美元，而他卖的东西每件才 5 美元。接着他重新试用了我们的广告，每份回复的成本是 42 美分。

最终，我们的广告得以采用，而且每份回复的成本几年里一直保持在 42 美分左右。我们帮他节省了一半的回复成本，而他每年收到 25 万份回复，这对他来说意味着一大笔钱。不过有很多广告主并不看成本，他们只看广告的外在表现，于是都遭受了惨重的损失，就像这位广告主曾试用的另一家公司的回复成本为 14.2 美元的广告方案一样。这就是大量广告费被浪费的原因。有的人并不知道他们付出的代价，也不愿意听从那些了解这种代价的人的意见。所以我也常常做一些邮购广告，这样可以使我一直脚踏实地。

有一次，我接手了一份房屋装修分期付款的直邮广告。在我负责广告的时候，那个广告主的生意发展到了每年 700 万美元。邮购广告教给了我很多东西，邮购和赊销模式让我了解到人的许多自然本性。

成功地让新顾客购买一次产品，并不意味着推销工作的结束。寄给顾客的产品目录很贵，让顾客进入交易要花很多钱，有相当多的顾客不能像他们当初承诺的那样按期付款，所以能否有利润，主要取决于能否确保你的大多数顾客是诚实可靠的。要获得更大的利润，就要让他们不断地购买。给这些主顾寄优惠小册子，注意观察他们，一旦他们付清钱款，就要给他们推销更多东西，还要说服他们带动其他人一起购买。

有一天我去这家公司时，注意到隔壁有一幢新大楼。我问了一下大楼的情况，他们告诉我它属于一家采用直邮分期付款方式经销妇女服装的企业，其经营方式类似于我们的房屋装修业务。我说："为什么要让这样一家企业在你们身边发展呢？为什么你们不销售他们那种产品？"

这件事促使我们组建了一家类似的公司，我请他们用一个女性的名字给这家公司起名。我们挑选了能干的中年妇女A太太，把她的照片印在了每一幅广告上，还让她在广告上签名，这样我们的广告就成了一名女性面对另一名女性的诉求。

这些广告并不提分期付款，而只讲信用问题。广告诉求的对象是那些渴望以最佳形象出现的年轻女子，广告指出衣着在一名女士的职业生涯中意味着什么，接着，那位A太太主动提出帮助她们解决问题，给她们6个月的时间付款买春装。

这种方案是迎合性的，但不低三下四。它表达了同情和理解，表现出来的最明显的意愿就是提供服务。实际上，我们提供的东西和隔壁那家公司差不多，但态度不一样。我们让 6 个月的信用期和富婆们从商店里购买东西时能够享受 30 天的信用期具有了同样的价值。

结果，我们从一开始就主导了市场。不久后，隔壁的那家公司就关张了。他们冷漠的商业行为根本无法与我们营造的有人情味的商业气氛竞争，其自吹自擂的施舍也同样无法和我们提供的“善待每个女人”的诉求相提并论。

这样一个全新的表现策略就创造出了一桩巨大的新生意，同时，它也极大地提高了我们在房屋装修方面的业务量。

成千上万的女性涌向服装业务，她们中大多数人按照合约付了钱，由此建立起了良好的信用。接着，前面提到的那家房屋装修公司的老板给这些女性顾客写了一封信，大意是：“今天我遇见了 A 太太，她对我说您是她的一个顾客。她曾经以信用付款的方式向您销售产品，而您也按照事先约定的方式付清了款项。她说您是她尊贵的顾客，您无论什么时间想向她购买任何东西，都会受欢迎的。

“我也想向您提供类似的服务，我们销售房屋装饰产品，我随信给您寄去一份我们的产品目录。请忽略产品目录上要求预付款的词句。就像A太太一样，我很愿意把您想要的产品送过去，不需要任何预付款。您只管订购您需要的任何东西，不必先寄钱。如果您觉得这个产品让您满意的话，那可以在一个月以后开始付款，您有充分的时间。”

这种优惠条件实在让人难以抗拒。这些妇女用信用付款的方式购买了衣服，还在担心是不是真能拿到。她们很难相信陌生人会如此信任她们。这时，一家大型房屋装修公司的老板写信给她们，说他因为听了那个服装制造商的话，也为自己设立了一个信用账户。他们以特别的条件提供信用付款商品，不需要任何预付款。任何女性收到这种“奉承性”的服务都不会白白放过机会的。

那位服装经销商也是这样。她写了类似的信给房屋装修商的顾客，对他们说她为他们开设了开放式的信用账户，他们可以不寄钱来就订购任何他们想要的服装，只需要双方认可就能把衣服寄来。这位女士的信写得非常有礼貌，成千上万的房屋装饰顾客从她这里购买了女装。

我们在男装上也试着这么做，通过让一种产品的顾客同时成为另一种产品的买主，我们给普通的销售带来了成倍的收益。任何经营单一产品的人都不可能和这样一种联合经营竞争。

这样的做法是对广告的修正。从基本原则来说，纸质广告与人员面对面推销，这两种营销方式是完全一样的。商店推出某种特价优惠吸引顾客，其目的是推销别的东西，正确的推销就应该这样做。广告文案撰稿人永远不应该忘记自己就是一个推销员，商品卖得越多，广告业务就越好做。

我还有一些邮购广告的经验能够说明另一个道理。我接手了一家公司的项目，这家公司 30 年来一直以信用付款的邮购方式销售妇女儿童服装。这个领域的市场已经基本被分割完毕，它一直很赚钱，一些公司每年的销售额达到了好几百万美元。

所有公司都提供昂贵的产品目录。有的广告也提供优惠的价格，某些产品只按成本价出售，吸引人们写信索取产品目录。结果是，那些写信索取产品目录的妇女很快又写信来要三四份。

于是就产生了一个问题：如何吸引女性顾客从你的产品目录而不是别人的目录中选购商品。

比方说，吸引一名女性顾客写信来索取你的产品目录需要花上 25 美分。如果产品目录印有彩色图片的话，其成本至少是 35 美分。如此一来，每份索取会花费 60 美分，而这份投资的结果取决于每份产品目录带来的销售额。

写信索取产品目录的女性顾客，通常会同时给同行业的三四家广告主写信。当她决定选择时，她面前有四本产品目录，每一本看上去都很吸引人。她会选择哪一个，在很大程度上是偶然的，或者仅凭她一时高兴。

每个人都应该明白这一点。你把你的目录展现给她看，代价或许是 60 美分。如果有四位广告主把他们的目录展现给她看，成本合计就是 2.4 美元。根据经验，顾客的人均消费额大约为 10 美元。所以，广告主们合起来的人均广告成本，几乎高达人均消费额的四分之一。

而你要实现利润，就要想方设法使你的销售额高于平均销售额。那些广告客户正是为了解决这个问题，才来找我的。

我设计了这样的方法：当一位女性顾客写信来要我们的产品目录时，我就到我们的档案里查一下她是新顾客还是老顾客。如果她是新顾客，那销售经理会给她写这样一封信："很高兴您能来找我们。欢迎加入我们的行列。我还想以更为实际的方式为您服务。附上我的名片，这样您向我们订货时，员工看到名片就会把您的订单直接转给我。我想在给您送去您订购的货物的同时送去我的敬意，还有为您准备的一点小礼物。我暂且不告诉您那是什么，但我肯定它能让您高兴。"

对于老顾客，他则写道："我很高兴又从您这里收到了索取产品目录的信。我们生意上的大多利润都是像您这样年复一年和我们在一起的老顾客带来的。获得新顾客需要付出代价，老朋友始终和我们在一起，却没有增加我们的开支。所以我想送您一个小礼物，感谢您与我们的长期合作。当您寄来订单时，请附上我的名片，这样我的同事就会把您的订单转给我。那时我会送去小礼物以表达我们的感激。”

结果会怎么样呢？所有来索取产品目录的新老顾客都收到了那张名片。它并没有提到小礼物是什么，因为好奇心比描述事实更能吸引顾客。每个来咨询的顾客面前都有这张名片，如果她们从我们某个产品目录中选购并把名片寄回来，就能收到那份礼物。所以，她会尽可能地从这本目录中订购产品，这样每份产品目录产生的销量就会大幅度提高。

提供这样的服务必须小心谨慎。礼物不能让人失望，它必须是每个女人都喜欢的东西。只要能让每份产品目录带来成倍的销售量，任何在合理范围内的礼品成本都是微不足道的。销售量的增长也意味着广告效应的成倍增长。

所有这些问题都是靠广告人来解决的。他或许写出了迷人的广告，赢得了众人的喝彩，但如果他的广告不能完成推销任务，为广告主赚来利润，那他很快就会被淘汰掉。他也可能以很小的代价激发起顾客的需求，但让竞争对手把生意抢走了，这同样让他显得很无能。做生意是要赚钱的，一个人如果能帮助别人赚钱，那他就有无穷的发展机会；但如果想法很精彩，结果却赔了钱，那他就彻底完了。

上面最后一句话使我想起另一个很有启发意义的案例。

那时，在女性服饰领域里有六大广告主，他们的主要目标就是让女人们相信，他们产品的售价比同行的都低。他们大肆强调自己的低价格，并公开担保自己的价格比别人的都低，承诺要是谁在别的地方找到更便宜的同款商品，那他们就允许顾客退货。

接下来一段时间里，所有的人都用最高音强调自己的东西才最合算。在这样的嘈杂声中，所有的人都站在了同一个水平上。每个人都并不突出，就像什么宣传都没做过一样。

他们向我提出了一个问题：怎样才能让自己的宣传给人留下更深刻的印象？我查阅了他们的资料，发现他们往年的平均利润率还不到 3%。于是我就宣传这个利润率——3% 的利润率。我承诺我们将不超过这个指标，我们对这样的利润率感到满意，我们以此为基础确定自己的价格。

这是这个行业里历史最悠久的邮购公司，也是最大的邮购公司之一。它报出的利润率只有 3%，人们就会认为他们的定价想必已经接近最低界限，谁也别指望还能把售价再降低多少了。于是，尽管其他人也做了保证，但他们的报价就是被认为是底价。

这也从另一个方面说明了数字的作用。任何承诺都是会打折扣的，如果只说“有史以来最低价格”，那人们才不会理你呢，因为很多人会这样说。但是如果你说是按 3% 的纯利润率去定价，那绝大多数人会相信你。他们认为你不至于在具体的数字上撒谎，他们也知道你不敢在比较好的出版物上撒谎。

以上就是我曾经策划的一些用来增加销售额的邮购广告方案，它们对我并没有什么直接意义。从广告文案撰稿人的角度来说，邮购广告并不值得费那么大劲，但它总是提醒我这样的事实：所有的广告都建立在与邮购广告相同的原则之上。我们必须在盈利的基础上销售我们的产品，我们必须抢到别人的订单才能成功。任何广告文案撰稿人如果不遵守这些原则行事，都注定会失败。

成功的秘诀

现在，为了让后来者能够有所受益，让我来总结一下我成功的原因。我所谓成功，是指我在建立和发展一家优秀的广告企业过程中所扮演角色的作用，这种角色我到现在也还在持续扮演。所有的广告人都应该做到这些。

在广告中，我们为三方利益服务，他们相互关联而又相互区分。首先是发布广告的报纸、杂志出版商，他们一般按广告费总额的 15% 支付佣金给广告代理公司，这是对预期服务的报酬。我们可以提供的最好服务就是创造新的广告机会。他们希望我们通过启动新项目或提升老项目的获利能力，来增加总的广告投放量。

出版商们都对我的服务感到满意。例如，我为他们写出了广告史上第一条汽车广告。我在这个行业做过很多开拓性的工作，包括查尔姆斯公司、哈德森公司和大切诺基公司的第一批广告。出版商们觉得我在这种发展中起到了领导作用。第一条重要的轮胎广告是我为固特异公司的“钢圈不断裂轮胎”设计的广告，它的巨大成功向所有的轮胎制造商证明，这个行业需要广告。

在“白速得”开始做广告之前，牙膏广告可以说是悄然无声的。那次的快速成功是广告史上的一大奇迹。现在，每年都有好几百万的广告费投到洁牙产品上。毫无疑问，膨化小麦和爆米花对谷类产品广告产生了很大的影响，“棕榈橄榄”引人注目的成功带动了一大批香皂广告。

我帮杂志和报纸发展了它们的生意，而这又促使出版商们来帮助我。他们为我打开了许多很好的机会之门，因为他们相信，我的广告创意服务将增加他们的收入。

作为广告文案撰稿人，我们要服务的另一方是广告代理公司。广告公司的很多优秀客户都是从很小的生意发展起来的，我合作的客户几乎全属于这种类型。这些广告机会常常就像赌博一样，一个失误便可能破坏一个有前景的公司。平庸的服务可能把一个本来有希望做大的客户变成一个小客户。这就是广告公司给优秀的广告文案撰稿人那么高工资的原因。

就我自己来说，我开始在洛德暨托马斯广告公司工作时，每星期工资1000美元。但我们很快达成共识，认为用佣金方式计酬比较合适，从此公司只对那些为公司赚了钱的项目付酬。另外，我也是按劳取酬。按照这样的协议，我有一年最多拿到了18.5万美元的佣金，全部都是靠一台我自己操作的打字机赚来的。没有秘书，没有助理，而且很多是在我家附近的树林里写的。另外，我还能得到数目可观的分红，有些根本没有成本，是一些我帮助过的企业给我的干股。

我的佣金不断增长，后来占到了代理公司佣金的三分之一。在我和拉斯克先生合作期间，他允许我自己起草合同。有时候他根本不读就在上面签字，因为他相信我会公平处事。不过这自然也会带来另一个结果，如果有些项目别人也能做，那就不会转给我。我的大多数客户都是由小范围的试点推广发展而来的。

但我不仅仅为自己工作，我还尽我所能培养公司里的其他文案撰稿人。我和他们开过很多研讨会，讨论撰写文案的原则。做这些事我分文不取。此外，我还写了很多文章讨论建立广告业的原则。

由于这些贡献，拉斯克先生最终任命我为洛德暨托马斯广告公司的总裁。接着，出于同样的原因，我又当了董事会主席。他去华盛顿担任哈定总统的运输部长时，我再次担任了两年总裁。那两年我损失了不少钱。由于我要负担其他职责，我的佣金就减少了很多。作为总裁，我没有工资，但还要花很多时间和新客户打交道。我每天早晨要主持公司的高层会议，帮助所有遇到问题的人解决问题。那两年我没有为自己接客户，我是指我个人能够从中获得佣金的客户。我不希望别人说，我利用职位为自己赚钱。结果，我个人的收入严重下降。但拉斯克先生一直深知我总是把他的利益放在我自己的利益之前，所以他完完全全地相信我。有一次，为了补偿我，他为我写的《科学的广告》一书开了一张 1 万美元的支票。

别人对我的信任是我的广告生涯获得成功的一个很重要因素。有一段时间，拉斯克先生让我做他的授权委托人。一次又一次，只要我觉得他给我的东西超出了我应得的，我就会谢绝。当我的合同能使我拿到三分之一佣金的时候，在那些我没有起到重要作用的项目上，我就不拿佣金。我和拉斯克先生的唯一分歧，就在于他总想付给我更高的报酬。

我认为这种态度是成功的一个重要因素。分配要绝对公平。一个人处在浪尖上的时候，也许在短期内能玩弄一些手腕，但不会长久。做生意就是赚钱，如果一个人想要的分红比例过高的话，那合作伙伴们就会想办法把他赶走。

广告业的第三方是广告主自己。我把他们放在第三位，是因为他们在我的广告理念里好像就应该排第三位。虽然正是有了他们，我们才得以为出版商或广告公司服务，但是是出版商付给我们佣金，而广告公司挑选并雇用了我们。刚刚开展业务的广告客户只在我们身上小小地投机一下，而那些把自己的业务在广告公司间转来转去的老广告主，也并不见得非常有价值。他们没有实现他们的抱负，其中有很多失败的原因难以纠正，所以他们就经常在广告公司间转来转去。

我认为最有价值的广告主并不是那些带着大量资金的客户，我可以列出很多这样的客户，他们的愿望很难实现。任何一个蒸蒸日上的代理商如果非要去做不可能做到的事情，那他会一败涂地，甚至名声扫地。

最有价值的客户是那些带着新的广告机会来找我们的人。这种机会太多了，不过这方面的成功一定要以试点推广活动为基础，成本不超过 5000 美元，广告公司在这类广告中的代理费是 750 美元。如果是一个知名的广告人来负责这个活动，那么设计这个试点推广活动的成本很少会低于 2 万美元，因为这个负全责的人会花上好几个星期的时间阅读材料并进行调查。

在这方面进行冒险主要是广告代理商的事。无论结果怎样，客户一般都能收回他的投资。广告代理公司才是在真正地冒风险。

在这上面的失败意味着，广告主损失很少，广告代理公司损失很多。而成功对广告主来说可能意味着赚取上百万美元，对代理公司来说只意味着获得广告费总额 15% 的佣金。当然，前提是广告活动符合客户的利益并能得到客户的认可。所以，我觉得自己对那些允许我做测试的客户并没有义务，他们不过是在我这里碰碰运气罢了。

这就是我把广告主排在第三位的原因。但是，其他一切都有赖于广告主的成功。我们对那些付给我们佣金的出版商负有责任，对那些给我们机会的广告公司也负有责任。我们对广告主的责任是最小的，然而所有的事都要取决于广告主的态度。

广告的成功取决于这三个要素。三方的利益都必须得到满足，而他们都在强调要有利润。要让他们全都满意，唯一的方法是好好管理你的业务，让它为大家带来利润。

我把自己全都奉献给了广告主。借助他们的成功，我必然也能实现在其他两方面的成功。我忘我地工作，因为广告主一旦在广告上受到重创，往往就会成为广告的反对者。我知道，在很多案例上，失败是不可避免的。所以，如果没有把握赚钱，我从来不会冒太大的风险。如果方案失败了，问题在于产品或环境因素，而不是因为广告。广告主的损失并不大，甚至可以忽略不计。而一旦成功了，广告主赢得的可能就是几百万美元。

这种情况下，我怎么能取得这么多巨大的成功？这只是因为我在很多小地方犯过错误，但从每个错误里都学到了一些东西，同样的错误我也绝不会犯两遍。每隔一段时间，我就要总结出一些重要的广告原则，只有它们才是长久的。

这个过程让我花了很多时间，因为我起步的时候也正是广告业的萌芽期。对于这项当时尚处于原始状态的业务，我比别人奉献了更多的时间，做出了更多的牺牲，我不能让我的子孙再这样奉献。这就是我写这本自传的目的——帮助后来者站在我的肩膀上开创他们自己的事业。

拉斯克先生是一个很聪明的人，他总是把我的成功归因于我生活在普通人中间。他总是希望我在写下这段经历的树林中继续工作，而我也已经在此这样做了20年。在这里，我的大部分谈话对象就是我的园丁、他们的家人以及邻近的乡民们。我了解他们想购买什么以及购买的原因，这些原因会让许多只是从他们的高尔夫俱乐部的球友那里听取意见的人目瞪口呆。

老百姓买东西并不总是出于经济因素的考虑。我们常常听到那些收入很多的人吹嘘自己的勤俭，他们并不为此感到难为情。但是在必须精打细算的情况下，大多数人往往会抗拒这种勤俭节约的形象。当劳工阶层普遍开始穿售价为15美元的丝织服装，其他阶层的人反而会去买棉布服装。所有的售货员小姐都想要丝织长袜。我做化妆品广告的经验证明，香水这类低价格的产品并不吸引那些本应该过紧日子的姑娘，她们想要的是那些“上等人”用的奢侈品。

我周围的很多人收入很低，但对价格的考虑比我少得多。有一位为我们洗衣服的女士，每天开着她自己的车来工作。她还对古董有着狂热的爱好，并真的买到过许多有价值的古董。如果她愿意卖掉的话，我们倒乐意从她那里买上几件。

我所知道的最骄傲的人是生活在我们乡下的那些人。如果你劝他们购买某物，说这个价格很合算，那你会遭到他们的反对，因为你伤害了他们的自尊心。但是如果你的诉求并不针对价格，他们也许会考虑考虑。

这只是我学到的很多事情中的一个例子。我们跟普通老百姓接触可以学到很多东西，而他们占了我们顾客总数的95%。

我策划的每一次广告活动都着眼于这个巨大群体中的某些个体成员。我并不向经理们或董事们咨询，因为他们的观点几乎总有偏颇。我把我的问题交给我周围的普通人，他们才能代表美国人。他们是我们的顾客，他们的反应才是唯一要考虑的因素。

当然还有另一个广告领域，都是些精明能干的广告人在做，他们的代表作就是凯迪拉克轿车广告。这类广告把收入低的人完全排除在外。不过，这些广告在广告领域中只占很小的一部分。我确信我的诉求符合普通人的要求，切合他们所购买的产品的特点。

科学的广告

因为我写过的一本书，我的名字便与“科学的广告”紧密地联系到了一起。所谓“科学的广告”，就是指广告是建立在固定的原则之上的，是根据基本规律进行运作的。我通过36年来对广告的跟踪研究，通过对几百种不同产品的广告活动的运作，通过对多个产品几千条广告文案的诉求回报的分析比较，真正掌握了这些规律。从我第一次发出上千封信函，到客户每年拿出500万美元花在我的广告文案宣传上，我都不得不面对投入与产出的问题。由此我很自然地证明了很多基本规律，而且这些基本规律应该可以在做广告时一以贯之。

大多数广告理论我都很看不上，因为它们是未经证实的，是建立在有限的经验和特例之上的。有些产品看起来似乎是借助广告取得了成功，而每一次对收益的跟踪分析都证明实际情况并非如此，它们成功的原因和广告没有多大关系，也许不需要做广告它们也能够成功。有些产品虽然从未做过广告，但由于人们很快发现了产品能满足自己的某种需求，或是因为经销商用某种方法“包装”了它们，或是因为它们的产品名称本身就表达了某种诉求，所以它们就取得了很大的成功。

“麦乳”就是一个例子，这个名称本身就说明了一些东西。“绿薄荷口香糖”也是如此。所有成功的口香糖之所以成功，都是因为名字起得好，它们几乎不必再通过广告说明什么。不同口香糖之间没有太大的区别，某种产品用这个名字成功了，换别的名字却可能会一次又一次地失败。

从这种有限经验中得来的任何结论，都必然会让人走入歧途，适用这种结论的案例也很少。只有那些能够合情合理地解释广告是怎么一回事的人，以及那些对各种产品的诉求回报和几千条文案进行过分析比较的人，才能提炼出可靠的广告原则。邮购广告提供了一套大致的行动指南，大多数广告都可以按此操作。

要采用科学的广告，你必须认识到广告就是推销员，你必须从推销员的角度，一个一个地比较广告，并将它们的成本和结果联系起来。盲目做广告不仅不会教给你任何东西，还常常让你碰壁。

我在本书中介绍了一些我们用来追踪广告效果的方法，但我们也发现，在一些产品上能够取得成功的方法，并不一定适用于其他产品。有些很赚钱的方法用在其他地方，效果还不及原来的四分之一。所以，尽管做广告可以遵循一些基本原则，但我们还是必须亲自去实践。不过有很多基本原则是成熟的，是被那些懂得收益的广告人普遍接受的，所有有识之士都会承认它们，并普遍应用它们。在这一章里，我只想谈谈这些普遍适用的原则。

再漂亮的文案创意也不应出现在广告里，怪异的文风会分散人们对主题的注意力。任何明显的销售意图都会造成相应的抵触，过强的说服力反而会让顾客担心自己失去主见。此外，强调任何品质和服务之外的东西都是致命的。

广告人必须朴实单纯，语言不能太标新立异。要吸引顾客，就像吸引鱼上钩一样，不能露出自己的鱼钩来。

永远不要夸耀自己。你是在推销你的产品，不是在推销你自己。不要湮没你的目标，使用尽可能短的文字，让每个词句都充满诚意。

自始至终都要提供服务。这才是你要销售的，也是你的潜在顾客们想要的。以此为标准衡量你的每一句话。不要为任何其他目的浪费版面和金钱。我见过很多广告仅仅是因为某个词句糟糕就被“毙”了。那种自私自利的词句，那种让人觉得你别有用心的词句，通常都比较让人反感。像“坚持用这个牌子”“谨防假冒”“小心假冒”这类话都不会有好的效果，它们表现了一种顾客难以认同的动机。

要彻底忘我。在你心里要有一个典型的潜在顾客，他有足够的兴趣读你的产品广告。设想这个顾客站在你面前，你要说的每一个词语都是为了增强他对产品的好印象。你认为一个好的推销员会怎样推销他的产品，你就怎样说。如果你可以面对面地把产品推销给他，那你也可以通过书面广告推销给他。

不要炫耀。不要夸耀你的厂房或你的产量，不要夸耀你感兴趣而你的潜在顾客未必感兴趣的东西。吹牛让人讨厌。

着眼于引起行动。你的读者原本是在读一本杂志或一张报纸，因为受广告的主题或标题吸引而在广告上短暂停留，可是过一会儿她又会把兴趣转到她原来的阅读上，而且通常会忘记你。你要用某种方法制造高潮，刺激那些感兴趣的人立刻采取行动。优惠券是常用的方法，人们会把它剪下来。他们不会总把杂志或报纸放在身边，但他们会把优惠券剪下来，提醒自己要去做某件事。女人也许会把它放在桌上，男人也许会把它放入衣兜。然后在某个方便的时候，它就会促使人们采取行动。人们会把它寄来换一份试用品或索取更多的资料，那时你就有了跟进这种顾客意向的机会。

无数的测试证明，优惠券会让顾客的反馈成倍增加。我看过很多邮购公司做的测试，在他们的产品目录或广告中，有些有优惠券，有些没有，二者的回报效果大不相同。

人有惰性。人们在行动上总喜欢拖延，然后就把优惠券忘得干干净净，很多广告主因此丢掉了很多眼看就快到手的顾客。谁也承受不了这样的损失。

也有别的办法促使顾客采取行动，“每周一次”的特卖就属此类。零售商在特定的时期进行特殊的供货，或对某一种货物的数量进行限制，诱导人们立即采取行动，避免拖延，这永远是一个重要的因素。

广告不能太奢侈，也不能过于幽默。花钱一般来说是严肃的事情，这种说法适用于除娱乐性广告外的所有其他广告形式。金钱体现着生活和工作的质量，需要认真对待。对大多数人来说，在某一方面花钱就意味着在另一个方面要省钱。所以，花钱总要有正经的目的。人们希望物有所值，他们希望以同样的金钱，买到更有价值的东西。

这个问题不可忽视，任何一个真正了解普通人的广告文案撰稿人都不会对此掉以轻心。钱来之不易，需要付出血汗。没有多少人钱多得花不完，普通人经常要“货比三家”。以不严肃的方式对待金钱，你就永远不会得到它。“阳光吉姆”[①]就证明了这一点，“纯洁小城”[②]也是如此，还有很多被人遗忘的产品更是如此。没有人能举出一个以轻浮的诉求取得持久成功的广告例子。人们不会从小丑那里购买东西。

不要追求娱乐效果，这不是做广告的目的。人们通过阅读专栏文章就能得到娱乐。你在盈利的前提下能为别人提供的唯一利益，就是他们需要的东西。

不要试图与文学版面或新闻版面竞争，也不要与图片或漫画竞争。那样做你可能会引来注意，但不是有价值的注意。你用这种方式吸引来的大多数人对你的主题并不感兴趣。

广告版面和阅读版面有各自不同的目的，你不能用模仿的方式愚弄大家。即使你能做到，也不应该做这样的尝试。如果一条广告吸引了一个读者，可是这个读者却对广告主题一点儿都不感兴趣，这对广告主又有什么用呢？任何一个值得做广告的产品，如果表现得当，都会比一般的故事更有意思。因为也许在将来很长一段时间，这个产品能够帮你节省开支，给你提供帮助或带来愉悦。娱乐是短暂的，为什么要牺牲更重要的诉求去获得一时的浅薄注意呢？

---

① 这是 20 世纪早期美国的食品企业曾经使用的广告形象。

② 这是 20 世纪早期美国百老汇一部歌剧的名字。

广告意味着面向几百万人进行推销，由于受众面广，所以非常昂贵。在全国性广告中，平均每个词的成本至少是 10 美元。每个人都要认识到这一点，要让每个词都充分发挥作用，删去每个不值 10 美元的词。绝不重复。当然，这么做的时候，要注意不要让文案显得生硬，但一定要做。

一个浪费时间、总是说些没用的话还老是重复的推销员，他每浪费一小时的成本可能是 1 美元。但是一条广告如果也这么做的话，那每个词就会浪费 10 美元。这种浪费是很严重的。盈利或赔钱的广告的差别通常不是很大。如果很容易成功，那这个行业就会人满为患。实际上，大多数广告的成功是通过高利用率取得的，而大多数失败是由浪费造成的。

任何时候都不要浪费版面，这样做的代价太高了。记住，我们一般的阅读版面都使用 8 磅大的字。大多数邮购广告为了表现一些比普通读物更有意思的内容，会使用 6 磅大的字。很多广告主不顾这种事实，用了很大的字，我不知道其中的道理何在。最容易阅读的字号当然是人们习以为常的字号，任何反常的表现都会让人感到难以接受。

广告主们总是在努力引起别人的注意，他们拼命去要求别人的关注，而不是去吸引关注。采用大号字就是他们的一种手段。如果有谁注意观察一下结果，那他很快就会发现太大的字号并不会有什么实质效果，它只会让你需要的版面成倍增加，你的成本也会成倍增加。所有的邮购广告和所有其他可以追踪过程的广告形式，都证明了这一点。如果你的内容是有趣的，那人们自然乐于以他们熟悉的字号阅读它。如果它没什么意思，那多大的字号人们也不会去读，就算他们读了，也不会给你带来什么好处。

同样，有些广告主全部用英文大写字母书写广告标语，他们认为这样更醒目。但是我们平常读的东西，都是有大写、有小写的，我们已经习惯了这种方式。如果碰上了全是大写的句子，我们还要费力去分辨。这也许不是很严重的障碍，但总是有害的。那么，为什么不按普通、自然的做法去做呢?

接下来这些原则与广告中的艺术表现有关。人们趋向于使用图片。这种趋势在增长，而且已经到了很多广告主要花 1500 ~ 4000 美元来买一幅图片的地步。

在我所知的所有测试性广告中，还没有哪个能够证明这种花费能带来利润。我也从未听说过有哪个案例能够证明用彩色图片比用黑白图片的回报更多。人们越来越频繁地使用它们，但是并不做跟踪调查。

我也愿意相信，对于某些产品，比如说水果或点心，彩色图片或许更能获得回报。但是我至今还不知道有哪个跟踪调查显示，这笔额外花费确实物有所值。我自己做过很多次比较。有一次，一家著名的广告杂志征集能证明彩色广告更有效的证据，但到现在我还没看到有确凿的结果。

这个问题需要有更多的实践才能解答。特别精美的艺术作品和彩色印刷的广告作品还没有证明自己的优势。即使它们在特定的领域里能做到这一点，我也怀疑这种做法是否能适用于所有的情况。

这种追求精美和色彩的冲动与推销没有多大关系。人们不会太在意一个推销员的衣着，打扮得花里胡哨反而会被视为一种缺点。纸质广告上的推销其实也是如此。我从没有看到哪个精致的表现手法能够以超额销售来补偿它的支出，我也不知道有谁看到过这样的事。我的观点是，精美的艺术作品，就像精巧的语言一样，只会让顾客提高警惕。

我从经验中学到的另一个原则是，广告应该讲述完整的故事。人们并不会留意系列广告。某个广告主也许今天可以吸引他们，但未必连续几个月都能这样。所以，如果你能抓住一个读者，就要把你所有想说的都表达出来。如果在某次广告活动中，我们看到一些诉求能够打动人心，那我们就要保留它们；发现有些诉求无法吸引关注，那就舍弃它们。通过不同的标题做不同的宣传，我们就可以做出判断。我们能够看到有一个标题引起了更多的兴趣，而另外一个标题却差一点，甚至引不起人们的兴趣，那么我们就可以据此调整我们的诉求。

有人因为这种原因而购买，有人因为另外的原因而购买，但是每一条广告都应该包含所有那些能够证明自身重要性的诉求。否则，我们难以让那些有兴趣的读者注意到我们大多数让人信服的诉求点。

我们不能寄希望于读者一遍又一遍地阅读我们的广告。我们的主题吸引他们，他们就给我们短暂的注意。这时，是说服他们，还是让他们永远失去对我们的兴趣，完全取决于我们。如果我们不能用一种诱人的方式表达出他们想要的某种东西，那他们就不会再读我们的其他广告了。

我们不应该让这个机会白白流失。对于我们找到的那些诉求，只要它能吸引一定的顾客，每一条广告就都应该将其包含其中。

广告诉求的表现方式多种多样，有些能让人印象深刻，有些则不行。言过其实的承诺没有用，说某个东西是“世界上最好的”不会让人产生深刻印象，因为这是意料之中的说法。读者也许不会责怪我们夸大其词，但我们很难再得到他们的信赖，他们会很自然地把我们所说的其他话全都视为微不足道的。

当我们说“当今最好的产品”“同类产品中的超级之作”，人们可能只会对我们的虚张声势一笑了之，可能不会有人感到愤怒，但我们所说的一切都会被打一个折扣。

人们历来被灌输这样的信念，认为广告必须说真话。他们知道我们不会在知名媒体上故意误导他们。但他们也不会觉得夸大其词是误导，因为它们本来就不值一提。

从另一方面来说，如果你引用确切的数字、确定的事实，他们会全盘接受你的说法。这些确切的说明要么是真的，要么是假的，在大家的观念中，有声望的人或企业不会撒谎。

给出确切的数字，说明确定的事实。以钨丝灯为例，如果说它比其他的灯更亮，人们只会有一点淡淡的印象。如果说它的亮度是碳丝灯的 3.3 倍，人们就会觉得你确实做过专业比较，他们便会对你的诉求照单全收。

所有的事都是这样，模糊不清的说法只能给人留下淡薄的印象，而且没什么效果。而确切的说法可以得到完全的认同，读者自会从中判断出你的真伪，他们通常都认为广告的内容是真实可信的，很少去做证伪的事情。

不要做负面的广告。只表现吸引人的一面，而不要表现让人讨厌的一面。不要表现或是强调病痛，你所诉求的人群已经受够了这些病痛。要说明和表现你的产品或方法所能带来的快乐。

人们总是追求快乐、安全、美丽和满足，那么，就向他们指出获得这些东西的道路吧。展示快乐的人群，而不是不幸的人们。告诉他们从正确的方法中可以得到什么，而不是做错了会有什么后果。例如，没有哪个牙膏制造商会靠表现大黄牙、烂牙或牙龈发炎来让消费者记住他们的牙膏。成功是靠表现吸引人的一面获得的。

所有的广告经验都证明，人们很少采取措施来预防麻烦，他们是不会未雨绸缪的，他们总是相信船到桥头自然直。他们会为解决当前的问题做任何事，但是正常的广告在这里没有什么用武之地。所有人都在寻求出色的、提升性的和满足欲望的新方法，他们不想预见灾难。对大多数产品而言，那些遭受过不幸的顾客所占的比例并不高，做广告时不值得过多考虑。

广告中有很多业务代价太高，不值得尝试。广告人应该避免这些业务，否则容易丧失斗志。例如某种药膏、杀菌剂、治哮喘病或干草热的药、治风湿病的医疗器械等。

对上述这些产品来说，我们的诉求对象只能是一小部分人。通过发行量很大很广的杂志或报纸接触到这些人，代价太高，这种代价多少年也补不回来。而在另一些产品上，保有顾客的开支要在很多年后才能逐步收回来，因为产品重复销售的周期实在太长了。

我知道很多产品是每个家庭必备的，说服顾客购买的理由非常充分，你可以向大多数家庭推销这些产品。但是，这些东西往往购买一次就可以用好几个月，有时甚至是好几年。

你长期维护这个顾客所必需的开支，会远远超过你首次销售带来的利润，再次产生销售和利润却是很久以后的事。早在销售的巨轮转动之前，广告主和广告人就会感到受挫。

世界上到处都是这样的产品：只面向 1% 的人，直到你耗尽所有金钱和耐心，才会获得重复购买。我见过很多很有能力的人因为接受了这样的业务而遭受挫折。

另一件要弄得清清楚楚的事情是，什么样的标题才能完成最好的诉求。一次又一次，我仅仅是对标题做了一些小改动，就让广告效果提高了 8 ~ 10 倍。

标题是用来向你的目标受众打招呼的。这就像旅馆的门童跟琼斯先生打了个招呼，告诉他有他的一条留言，或者说像新闻报道的标题告诉人们这条新闻要谈什么一样。我们所有人都是依靠标题的指引找到想要读的东西的。

站在普通读者的立场上想一想。他面前有很多东西，他有时间细读的内容可能只占百分之一，于是他只好通过标题加以选择。阅读广告也是这样。

我们必须弄清楚什么样的诉求给人的印象最深刻，我们可以通过针对性测试、比较不同标题的方法得到结论。我们会发现，某类标题能够向 25% 的潜在顾客传达我们的意思，而另一类则可能是 50%。我们必须根据这些结果来使用不同的标题。

任何其他手段都可能导致巨大的浪费。如果我们追踪广告效益，那很快就可以发现这一点。在任何行业里，好广告的差别都不会很大。它们必须完整，完整就意味着相似。它们之间最大的区别在于标题，这条标题可能吸引特定的一部分人，另一条则可能吸引10倍于它的人。如果想使你的广告打动那些足以给你带来利润的人群，那你就要判明这一点。

一些人用奉承读者的方式表现主题，另一些人则用居高临下的方式。一些人把承诺建立在自身利益上，另一些人则把诉求建立在服务上。有的人只想推销产品，另一些人则努力取悦受众。所有这些都会改变人们的心态，这种心态的改变将决定人们怎么做。

不过，心理上的影响还不止于此，它还涉及尊严与个性。我们必须知道怎样针对人的这些欲望进行诉求。这些事是很难学来的，它们来自善良的本质，来自爱心和理解，来自愉悦他人、服务他人的意愿。一个不能与他人相处的人是不可能学会的。

我认为最能让人学到东西的方式是挨家挨户地上门推销，很多优秀的广告文案撰稿人把一半时间花在了这上面。他们通过与人接触，了解什么能够赢得人心，什么让人讨厌，然后把自己的发现应用在广告诉求上。

所有这些因素都要加以考虑，它们构成了广告的基础。

让我们想象一下，假设不这样做也能行得通，假如任何一个能写流畅信件的人都能写流畅的广告，假如平平常常的创作表现，不论主题是什么，都能让产品卖个好价钱，那么广告创作这个行业就不会是那些胸怀大志的广告人大显身手的地方了。

但这种情况是不会出现的。这个行业存在激烈的竞争，每个广告都被无数的诉求包围着，每一种尝试都涉及很多开支。一个人要想在这个行业中生存下来并获得成功，只有依靠出色的、科学的广告意识和正确的战略。他必须比竞争对手知道得更多，有更扎实的基础，更精明。要达到这些，唯一的办法是从已被几十年经验证明了的固定的原则起步，并且在这一点上绝不动摇。

我的重大失误

在我通过信函销售地毯吸尘器初获成功的那年圣诞节的前一天，公司老板比斯尔先生把我叫到他的办公室。他说："我想给你一些建议，你具备很多获得成功的素质，包括推销天赋。你实在太出色了，为我工作有点可惜。你应该开创你自己的事业，就像我以前那样。"

他给我讲了他的一些经历。他如何拒绝了所有的高薪职位，抛弃了所有的安全保障，独自奋斗，最终在通往财富的道路上一步步获得成功。

最后他说："如果考虑我自己的利益，那我希望你留在这儿。如果你留下，那明年你的工资会有大幅度提高。但我应该公平一点，建议你不要留下，不要让别人把你凭辛苦工作和才华赢得的主要利润分走。"

我的苏格兰谨慎保守的个性使我留了下来，这是我人生的一大失误。过了不久我就结婚了，这让我再冒任何风险都变得越来越困难。就这样，我把自己的一生绑在了为别人打工这条船上。

我看到我的一些同事开始自己创业，很多都是在我指导他们做过的领域里。弗里德·马西开始通过直邮销售家具，在短短几个月内，他就设立了一个 90 人的办事处，处理他快速发展的业务。接着他创办了弗里德·马西公司，一直做到今天。A.W. 萧以修建办公系统起家，接着创办了《系统》杂志，也取得了巨大的成功。我的室友 E.H. 斯塔福德离职去生产学校用的家具，建立了斯塔福德公司。从那时一直到现在我都认为，我有和他们完全一样的素质，除了勇气。比起他们自己开创的事业，我被别人聘请去做的事，甚至比他们为自己做的事要大得多。然而我还是羡慕他们的独立性，我花了 30 年时间才做到这一步。

我帮很多人获得财富，爬上高位。在很多情况下——可以说在大多数情况下，他们起步时实际上并没有钱。广告必须自己杀出血路，这是做生意的一个重要因素，而且往往是获得成功的唯一因素。这一点在很多邮购产品上都可以得到证实，在许多其他领域里也是如此。生产一种早餐食品、牙膏、药品、肥皂或洗涤剂并不太困难，大多数刚起步的广告主都雇用别人来生产。推销人员可以帮忙，但作用并不大，所以他们一般还没有被聘请，几乎所有的生意都要靠广告打开局面。

我已经讲过这类产品是怎样在初始阶段经由小规模试点推广面世的。广告人做了十分之九的工作，商标所有者的风险很小，甚至没有。如果测试失败，广告人损失最惨重，他浪费了自己的时间和才华；如果测试成功，广告可以得到推行，那广告人只从广告费中获得一部分佣金，而利润是属于别人的。由于广告经常不注明创作者，广告人有时甚至得不到应有的名声。

业务增长了起来，客户的财产和声望也随之增长，而广告人却随之变得越来越不重要。这家企业已经获得了一种动能，就算是平庸的广告也能让它往上走，而在其发展之初，平庸的广告根本不可能助其成功。

广告人会对自己认定的方法固执己见，他们害怕改变。事实上，改变也确实不太明智。赢得新顾客的最好方法就是原先用来赢得几百万顾客的方法。但对那些仔细阅读每一条广告的人来说，这些广告实在是单调无味，他们总想要些新东西。所以，一个手中握有大客户的广告人也很有可能失去这个客户，这是早晚的事。广告公司要想保持它的规模和利润，必须不断开发新的业务。

我慢慢地开始专注于药品和食品，也就是那些人们要不断购买的产品。它们为广告提供了巨大的机会。一次性销售的产品对广告人而言没有这么大的诱惑力，因为利润必须在这一次销售中产生，而且这类产品的诉求通常只是面对一小部分消费者。广告人的利润主要来自那些几乎家家必备的产品，因为那些产品必须不断做广告。以食品为例，妈妈们会教她们的孩子如何食用它们，而这类产品永远不会缺乏感兴趣的人。

但是这些产品必须逐步完善，这个过程通常很慢，而广告人在其中承担着大部分的工作和责任。如果他是为别人工作，那即使是像我这样做了 35 年的广告人，也得不到合理的利润分成。而且就其工作性质来说，广告人很少能成为永久性的关键人物。

我经常计算，要是我能把挣到的佣金投资到我扶植起来的那些企业的股票上，我能赚多少钱。我估计获利可以达到好几百万美元。我没有这样做的真正原因，是我对自己从来都没有足够的信心，但我每次都装作不在乎金钱。我的创意工作是一种更高境界的工作，因此，多年来我看着别人赚大钱，而我自己仅赢得一些薄名。

是我那个雄心勃勃的妻子使我从那种得过且过的状态中觉醒过来。她有一些欲望，而要实现这些欲望，金钱比名声的作用更大。她向我指出，那些雇用我的人如何在钱上占我的便宜。

最终我听取了她的想法，在为别人效力多年之后，我终于开始为自己工作。比起过去靠佣金挣钱，现在通过分享我的创意带来的利润，比我以前多挣了很多。

我最早的投资是“白速得”牙膏。我花了 1.3 万美元入股，它给我带来了大约 20 万美元的分红，后来我把我的股份卖了，又赚了 50 万美元。

到了大多数人想退休的年龄，我决定去做在我 21 岁时比斯尔先生建议我做的事。我要为自己工作，创建我自己的企业，与它共存亡。

我脑子里有很多想法，我的第一笔生意是做化妆品。我研究了那个行业的统计数据，发现女性每年要在化妆品上花 7 亿美元，比她们在其他所有做广告的产品上的总支出还要多。我准备做一种化妆品，但我还没有找到我的营销视角。这个行业已经人满为患，知名的化妆品经销商已在他们的货架上摆上了几千种产品，每周还有很多新的制造商排着队来找他们经销自己的产品。没有哪种产品能独霸天下，当某名女性顾客打算改换某个品牌而去商店购买的时候，她面对的是来自十多个不同品牌的导购员的推销。

我派人到巴黎和维也纳去找一些独特的产品，一些可以让我的产品独具优势的东西。但是我派去的人什么也没有找到，于是我决定放弃这一行。

就在那个时候，美国知名电影女演员埃德娜·华莱士·霍珀正在芝加哥演出。有一天早上，曼德尔兄弟百货公司在报纸上宣布，当天下午她会亲自到他们设在四层的美容柜台。我派了个人去打探消息，她看到那一层楼挤满了人，同一层楼的其他店铺不得不让出自己的地方，来容纳那些像潮水般涌来的想一睹霍珀小姐芳容的女士们。

霍珀已经到了做奶奶的年纪。很多年纪稍大的女性曾经在她花容月貌的时代见过她，那是 19 世纪 90 年代的事了。然而，她的头发、她的身材、她少女般的肌肤，使她现在看上去还像个 19 岁的姑娘。所有女性自然都急于知道她保持年轻和美貌的秘诀。

曼德尔公司的经理建议她来找我，并告诉她："你应该把你的名声当作资本，你应该把你的做法教给其他女性。"

第二天，霍珀找到了我。她随身带来了无数关于她的各种报道，还有她自己写的如何保持青春的文章。

那一天，我总算找到了我营销化妆品的视角。现在我手中有了这位女士——一位在美国被人谈论最多的女士，一位在 35 年前就让自己成为著名美人的女士，一位使自己的美貌一直保持到了做奶奶的年纪的女士——找遍了全世界获得的美容秘诀。

我和她签订了协议，她让我使用她的美容配方，她的名字，还有她的影响力。我为其他女性生产这些产品，和她使用的完全一样。她为了取得这些配方曾经花了好多钱，说到美容可以给生活带来些什么，她是一个最突出的活生生的例子。依靠那些产品，我们建立起了一家很大的化妆品企业。

我们从不使用推销员，从不请求经销商订购我们的产品。我们努力去争取消费者，努力使女性顾客重视霍珀小姐找到的秘方。然后，我们让这些女性顾客倒逼经销商订购我们的产品供她们购买。

有很多生产商在一开始时就想让自己产品的销量翻几番。他们想把产品推销给批发商，而批发商现在要求的折扣大约为 20%，可他们除了填写我们带来的订货单以外，什么都做不了。这些批发商还把开支报给我们，说他们在经营上花费了多少钱，而实际上这种开支主要是他为了从竞争对手那里抢走生意造成的，他想要我们也为此拿出一笔钱。其实经销商从哪个批发商那里进货，跟我们一点关系都没有，因为批发商的推销员什么都不能替我们做。

零售商也想从每个新企业那里赚到最大的利润。主动派人去找零售商，这个零售商肯定会要求一些优惠，比如提出他每买 10 件产品我们要额外赠送他一件，或诸如此类的额外收益。

一旦你做这样的让步，就会后患无穷。你所有的成功都取决于消费者，如果消费者被你的产品迷住，需要你的产品，那经销商自然就想拿到这种产品。如果经销商有此需求，那代理商就愿意供应你的产品。

广告上的很多失误是由于没完没了地推销产品造成的。你最初推销给批发商，而他们要求比例很高的分成；然后你又努力向零售商推销，他们则要求赠品和额外利润。可所有的结果实际上还是取决于消费者。批发商的所有需求，零售商的所有需求，都取决于你对消费者的影响。

永远不要忘记这一点，批发商和零售商有他们自己的品牌，你手中的产品对他们的买卖没有直接的影响，他们不会包销你的所有产品。如果他们能够影响销售，那他们自己的产品早就可以多卖出去 4 倍了。

这个事实表明新企业做广告时最可怜的一面。广告主花钱争取顾客，然后又要花钱请推销员把产品推销给批发商和零售商。他做出让步，给一些优惠，就是为了让他们供应他自己创造出的需求。结果，他自己剩不下什么东西，却还要支付所有的开支。

按这种方式，谁也不可能赚钱。这就像一个人背着超额的日常开支做生意一样。他承担支出、风险和一切努力，而他的利润却被吞食掉了。

今天，霍珀系列已发展出23款产品，每一款产品的配方都是霍珀小姐发明的。一个女人试用过其中一款之后，就会想再尝试其他的。采用霍珀小姐产品线的某一款产品，就意味着会采用整个系列的所有产品。我们这个系列产品的平均售价是1.78美元。我们可以比较一下，牙膏的单价是50美分，剃须膏是35美分，肥皂是10美分。我们通过广告带来的每一个单件产品的销售利润永远抵偿不了成本，但是卖出去一样产品就可以带动销售其他产品。很多产品都是这样，总的利润来自附加产品。

这是我在这个新领域里创建的很多企业中的一个。有些企业可能会失败，但失败对我们来说代价并不大。要是我与别人合作失败了，那他们也会遭受同样的损失。要是成功了，我们就可以赚几百万美元。

所以，这就是我的未来。我不再为一时的佣金而把自己局限于为别人创建事业，我开始为自己开创事业，而且看到了盈利的希望。过去，有很多生意在我的指导下发展起来；现在，只要有一项自己的事业也能够那样成长起来，我所收获的就肯定比过去只做创意策划更多。

但我清楚地知道，对大部分人我都不会提出这样的建议。普通人还是应该在别人的指导下工作。成功取决于很多素质，普通人可能只具备其中的一两种。我现在的生意也是在经过几十年与他人合作之后才开始的。

希望那些头脑清醒的人能从我的经历中得到启示，找准方向。我已经努力指出了在广告业中获取成功的所有方法，不同的方法通向不同的事业发展方向，至于哪一条才是最佳路径，就让每一个人自己做出决定吧。

一些个人情况

既然本书是对我个人成功道路上的奋斗过程的一个记录，也是对别人的一种激励，那么在此也不妨对我的个人生活、我的癖性、习惯和追求做一些交代，因为它们与我获得的成功是密切相关的。

我一向沉醉于工作，我就像其他人喜欢玩游戏一样喜欢工作。这既是我的职业，又是我的修养。我还是孩子的时候，就不得不在放学后打工，自食其力，这种生活压力使我远离了游乐。长大成人后，我愿意学习各种我能学到的推销技巧，这又使我避免了浪费时间。我学会的唯一的游戏就是做生意，对我来说，这是我全身心投入的“游戏”。我从来没玩过棒球、高尔夫球或网球。我母亲信奉的苏格兰长老会教义禁止跳舞、玩扑克牌和看戏，成年后我也没有学会享受这些东西。

汽车刚面市不久，我就有了自己的汽车，但我很少自己开。

我一直把教导孩子和大人要热爱工作当作我主要的慈善事业。我有很长一段时间一直参与一个协会的活动，这个协会收容那些来自未成年人法庭的少年犯，把他们送到农场去工作。通过这种方法，这个协会拯救了上百个孩子。我从乡下的家里回芝加哥时，总是早上6点钟就到达芝加哥，有好几年，我都是径直前往格兰德公园，那里有好多流浪汉，他们晚上就盖着报纸睡觉，我会花一个小时或更多的时间去培养他们对工作的兴趣。我是美国志愿者协会的一个督导，对监狱工作特别感兴趣。我曾经陪着莫德·巴灵顿·布思[①]在朱利亚监狱做过演讲，也帮助过设立在芝加哥的“希望之家”，那是为得到假释的犯人准备的临时居所。我对这个项目的主要贡献是在每个星期天的下午，做一场题为“工作的乐趣”的报告。

我曾经给杂志投稿，主张无论是男孩还是女孩都应该工作。我一直坚持我那未婚的妹妹要像我一样继续工作，这能使她的生活更欢乐充实。她现在还在大激流市的一所高中教书。我的一个女儿是舞台演员，另一个女儿从史密斯学院毕

---

① 莫德·巴灵顿·布思（1865—1948），美国社会改良和公益事业的领导者，她联合他人创建了美国志愿者协会，对美国监狱改革非常热心，并做出很大贡献。

业后很快就结了婚。她生完孩子后参加了工作，后来又当了妇女俱乐部的主席——有时甚至同时身兼两家俱乐部的主席。她有些时候还去做讲座。我妻子一天工作 14 个小时左右，她是我们的首席园丁，建立了密歇根州最好的花园。每年夏天，都有好几百人从远近各处跑来参观她的花园。她管理着一个总是住满了客人的乡下大院。我们统计过，在这里我们一个夏季要供应 3500 多份早餐。她还是个音乐家，一天花 6 个小时左右练习。在芝加哥，她也是个有名的慈善义工。

在女儿们还没有出嫁的时候，每到假日，我们家总是挤满了年轻人。我告诉他们，我不喜欢看到他们整天游手好闲的样子。我的话促使他们在学校放假的时候出去工作，养成了有益于他们未来事业的习惯。而我自己也很高兴看到，通过这种方式，帮助他们中的很多人取得了成功。他们自己也发现，拉来各种生意比玩球更有意思，赢得一份合同比赢得一座奖杯更好。

我专注于生意不是因为只爱钱或名声，我甚至从来没有强烈的想要成功的欲望。钱对我来说算不了什么，只是我的苏格兰人的本性使我反对浪费，我甚至不想把钱留给我的孩子们，她们已经得到了对她们有益的东西。我希望她们的丈夫能得到我这样的快乐，那种成就自己事业的快乐，所以我不会剥夺他们努力的动力。

我曾长期生活在极度贫困之中，经常要与饥饿打交道。我刚入行时，还不得不每星期省下两顿饭钱才能有钱洗衣服。我也曾生活在奢侈之中，一年花掉了14万美元。对我来说，这两种生活没有太大的区别，在这两种环境下我都一样快乐。我不认为我们能毫无痛苦地回到贫穷的日子里，但我认为人可以在不同条件下同样生活得很有乐趣。

我所知道的最快乐的人是我的一个邻居。他每个月挣的钱从没超过125美元，他就靠这点收入攒下了足够的钱，盖了6间小房子并把它们租了出去。然后他就退休，靠租金收入生活。他在我的湖边避暑，在花园里工作，在佛罗里达越冬。我经常跑到他的小房子里去，学习他的“知足常乐”。

在所得税政策出台以前，我从不记录自己挣了多少钱。收入金额对我没有什么意义，它们是增加了还是减少了根本不会影响到我。我妻子负责打理我所有的收入，支付所有的账单。我自己从来不签发支票，一点也不清楚我乡下的房子花了多少钱，也不知道家里任何其他东西的价钱。由于遗传了母亲苏格兰人的天性，我要是知道了这些支出，会不快活的。一般人会认为这些东西花费了很多钱，但是我对此却毫无感觉。

在个人消费上，我是很勤俭的。我经常穿得“破破烂烂”的，我一直穿店里出售的成衣，直至有一天我妻子终于忍无可忍，我才开始找裁缝量身定制衣服，但现在我仍然避开价格昂贵的裁缝。到现在，写作本书的时候，我已经有两年没有买新衣服了。我最贵的鞋 6.5 美元一双。住旅店，我也总是尽可能地简朴。

我写所有这些，都是为了说明我工作的动机不是金钱，也不是名声或地位。我根本不在乎这些东西。我在树林中安了家，置身在普通百姓之中，任何有可能让我脱离老百姓的东西，都会让我不舒服。在乡下，我们大家都是平等相处的。

我因工作的乐趣而工作，工作已经成了我的一种习惯。后来我全身心地投入广告事业，是因为我认识到，必须有人做大量艰苦的工作，才能使广告业从襁褓中成长起来。

在我 25 岁的时候，洛德暨托马斯广告公司提出给我一个职位。那时我住在大激流市，我跑到芝加哥，和这家公司的创办者讨论从事这份工作的可能性。那时公司还没有文案撰稿人，它更像一家经纪公司，和其他代理公司就固定的广告版面进行竞价。广告主自己准备广告，然后把电铸版送来。广告业的盈利模式就是不断向广告主提供广告方案，让他们在上面花钱，由此挣到自己的佣金。他们想把做策划的任务交给我，因为我在比斯尔地毯吸尘器公司时就证明了自己是个策划人。那时候，我们并没考虑广告主的利润问题。

那时我很年轻，没有经验，但我有敏锐的感觉，知道这种广告生意持续不了多久。我的职业训练已经让我明白了追踪广告效果的必要性，所以我谢绝了洛德暨托马斯广告公司的职位和涨了60%的薪水，继续在盈利条件下推销产品的模式里奋斗。16年后，洛德暨托马斯广告公司换了老板，他们又邀请我加入。

我从这么多年的独特实践中学到了什么？我得到了其他人从事医学研究、通过在实验室度过一生而得到的同样的收获。我一生的工作就是研究广告，现在我有幸有资格写下我的发现，介绍给后来者。我希望，我的工作记录能让后来者避免前辈开拓者们犯过的错误，节省我曾经为纠正错误而花的时间。我所收获的东西和著名发明家爱迪生每天工作20个小时收获的东西一样，就是那种得知自己发现了某种经得起时间考验的规律时的满足。

许多人说，广告业正在发生变化，需要一些新鲜的东西。当然，人们的生活节奏确实正在发生改变，流行趋势、消费偏好和人们的欲望就像万花筒一样千变万化。广告的某些模式正在发生改变，因此有必要也永远需要赋予每一次广告活动不同的主题。（也许）模仿者永远不会成功。但是，人性是不会发生改变的，本书提到的广告原则会像阿尔卑斯山一样长久屹立。

比起以前，现在做广告要困难得多，因为现在成本更高，而竞争又是如此激烈，但每一个新困难都使我们更加意识到科学的广告的必要性。

写到这里时，我望了一眼美丽的湖面。我第一次来到这里时还是个 6 岁的小男孩。湖的另一边是一个村庄，那儿曾经是一个主营木材加工的小镇，我祖父曾经在那里做牧师。我目光所及之处是一个山坡，我还是个小男孩时在那里犁过地。葡萄园覆盖在山坡上，我以前在那里摘过葡萄。在这里，我叔叔有一个果园，现在成了我的家。每年夏天还有部分冬天，我都在这里工作，直到我外出做生意为止。这里仍然居住着我童年时代的一些玩伴。

从那里往下走，曾经有一个码头，在那个码头，我曾经一天装卸过 1800 筐桃子。也是在那个码头，在我 18 岁的一天晚上，我跳上一条船，脸上挂着泪，踏上了从商之路。当我再次回到童年的家园时，我已经度过了很多艰难的岁月。

思乡的本能使我后来又回来了。我买下了一片未经垦伐的森林，那是我小时候就非常热爱的地方，我把它叫作“松林坡”。在那里我建起了自己的家园，以后又花了 17 年的时间扩大、发展它，把它变成了我的天堂。长达半英里的花园一直延伸到湖边，草地上永远充满了生机，我的朋友、亲戚和孙儿孙女们在这里欢快度日。

在这样优美的环境里，我做着我想做的事情。距此不远的地方，就可以看见我通过努力所获得的成就与过去的生活形成的巨大反差。这里还居住着一些从不敢做出改变的人，他们告诉我世界本来的样子。这里是我的故乡，我的圣殿，我的家。

我相信没有谁能像我这样，从生活中得到如此多真实的欢乐和满足。我把这个归结于对简朴事物和普通大众的热爱，这些因素也使我在广告上获得了成功。

在这里，在我们的周末晚会上，我遇到了很多成功人士，我们亲密相处，我不嫉妒他们中的任何一个。最快乐的人是那些与大自然最接近的人，而自然正是广告取得成功的一个必要条件。所以，我对这个行业的总结就是，**立足于对普通大众的热爱和了解，广告事业所能带给我们的回报，远不是金钱所能衡量的。**

译后记

现在是一个以流量计算资产的时代，是一个大众媒体被自媒体包围的时代，是专业传播机构的影响力被朋友圈碾压的时代，是客户心理满意度的重要性超过产品自身各种应用属性的时代。在这个时候，我们为什么要再读一遍这本写于将近一个世纪前的广告理论呢?

如果你想从这本书里学到适合的策略、计划和实施方案，或者是各种对经营行为建立评价指标体系的内容，那你肯定会大失所望。本书所讲到的很多广告案例，从广告手段到坚持采用这些手段的品牌，要么已被时代淘汰，要么已是面目全非。就连霍普金斯强调的对投入产出比的跟踪、在启动大规模推销前进行各种派发测试的重要性，以及一旦找到诉求就要永远坚持的思路，强调要把在消费者推广和渠道推广中进行二选一（类似于 B2B 业务还是 B2C 业务）等广告原则，虽然可以做到逻辑自洽，但在今天的社会实践中也已经显得过于简单，也过于固执。

我觉得根本的原因是在对“科学”的理解上。这里不用提霍普金斯引以为傲的、带有强烈宗教色彩的苏格兰人性格的影响，只看他所处的时代。人们送走了上帝，迎来了国王；后来送走了国王，迎来了“宪法”。这个“宪法”名为“科学”。作者当时正处在大工业革命方兴未艾的时代，弗里德里克·泰勒刚刚提出科学管理的圣经。市场可以从简单的需求和供给两端来描述，经营可以从生产和销售两个环节解决，消费者更像是被牧人和大群引导的绵羊。有因果，可量化，可追踪，精准执行，彻底排除计划者和执行者个人偏见及不确定性，这些不仅是霍普金斯为广告设定的以科学为名的准则，也是整个美国商业社会在经营方面的圭臬。

这一套准则如何演化，如何慢慢失去魅力，在这里我不做深度研究。我只能说，它在历史上的合理性，正是它现在失去实战指导意义的原因。举个简单例子，在资本追求速度和规模的时代，即时回报或者营利性没法帮助一个互联网平台的估值从几亿元快速升值到几百亿元甚至几千亿元。而一旦它不能实现这种快速升值，就算它每年都有纯利，它距离被收购或者破产也只有很短的时间。

这本书不能当作方法论来看，更不能当作教材来看。到今天，我甚至都不把它当作一本广告理论书来看。25 年前我第一次翻译这本书时，我是把它当成广告启蒙读物看的。其时我已经 MBA 毕业，初步了解了一些营销术语。但我发现，这本书比很多在它之后几十年出版的广告教材更富含血肉。它对于一些消费者心理、广告主心理的刻画，对于广告决策形成过程的战略要点和流程规划，给出了很多活生生的例子。那时我有点像霍普金斯，匍匐在以科学为名的圣经前，祈祷它坚定我的信念，带给我更多的灵感，指引我应去的方向。幸运的是，20 世纪末到 21 世纪初的中国，与作者所描述的一百年前的美国，在市场阶段上有很多类似之处。所以，即使我只得到霍普金斯百分之一的启示，也足以让我在这一行中站住脚。

但到了今天，我之所以还推荐这本书，不是因为它立刻就能为我们带来新的启示，而是它给了我们一次掩卷后的思考机会。是的，不是开卷有益，而是读完后，忘掉他的所谓准则，忘掉他的成功标准，仅仅是借助本书留下的那种对科学的狂热信仰，对利益的赤裸裸坚持，对个人努力的执拗自信，以这种情绪重新进入 100 年后，重新考虑我们对现在的商业实质及营销工作应有的认知。

资本主义从来没有像今天这样把资本化作为一切经营的

基础；信息从来没有像今天这样碎片化、快速化、图像化和口碑化地渗透到每个人的生活圈子里；绝大多数消费者的需求在今天也从缺陷需求上升到增长需求，人人都追求审美的自我满足和价值的自我实现。在这种情况下，重读100年前霍普金斯的思考过程，可使我们获得难得的自我反省和继续探索的精神出发点。

在此，我衷心感谢出版社给我提供了这样一个思考机会，也希望以此和大家分享这种思考的沉重和思考后的解脱。

邱凯生

2022年4月

图书在版编目（CIP）数据

科学的广告 /（美）克劳德·霍普金斯（Claude C. Hopkins）著；邱凯生译. -- 北京：企业管理出版社，2023.3
ISBN 978-7-5164-2594-7

Ⅰ. ①科… Ⅱ. ①克… ②邱… Ⅲ. ①广告学—基本知识 Ⅳ. ① F713.80

中国版本图书馆 CIP 数据核字（2022）第 073119 号

书　　名：科学的广告
书　　号：ISBN 978-7-5164-2594-7
作　　者：（美）克劳德·霍普金斯
策　　划：华朴 | 择壹
责任编辑：江丹丹
出版发行：企业管理出版社
经　　销：新华书店
地　　址：北京市海淀区紫竹院南路 17 号　　邮　　编：100048
网　　址：http://www.emph.cn　　电子信箱：huaputg01@163.com
电　　话：编辑部（010）68701638　　发行部（010）68701816
印　　刷：北京联兴盛业印刷股份有限公司
版　　次：2023 年 3 月第 1 版
印　　次：2023 年 3 月第 1 次印刷
开　　本：880mm × 1230mm　　1/32 开本
印　　张：11
字　　数：193 千字
定　　价：75.00 元
